प्यार की बोली बोल

प्यार की बोली बोल

हिलाल फ़रीद

लिप्यन्तरण

रहमान मुसव्विर

वाणी प्रकाशन

वाणी प्रकाशन

4695, 21-ए, दरियागंज, नयी दिल्ली 110 002

फ़ोन : +91 11 23273167 फ़ैक्स : +91 11 23275710

शाखाएँ

अशोक राजपथ, पटना 800 004, बिहार

कॉफ़ी हाउस कैम्पस, महात्मा गांधी मार्ग, इलाहाबाद 211 001, उत्तर प्रदेश

महात्मा गांधी अन्तरराष्ट्रीय हिन्दी विश्वविद्यालय, वर्धा 442 001, महाराष्ट्र

सुल्तानिया रोड, मोतिया पार्क, भोपाल 462 001, मध्य प्रदेश

www.vaniprakashan.com
marketing@vaniprakashan.in
sales@vaniprakashan.in

PYAR KI BOLI BOL
by Hilal Fareed

ISBN : 978-93-90678-44-0
Ghazal

प्रथम संस्करण 2021

मूल्य : ₹ 299

थॉमसन प्रेस (इंडिया) लि. में मुद्रित

वाणी प्रकाशन का लोगो मक़बूल फ़िदा हुसेन की कूची से

इन्तेसाब

यह किताब भी
पहली किताब की तरह
इश्क़ के नाम!

साधू बनकर मस्जिद जाना इश्क़ में सीखा
रीत के आगे प्रीत निभाना इश्क़ में सीखा
इश्क़ का जादू क्या होता है हमसे पूछो
धूल में मिलकर फूल खिलाना इश्क़ में सीखा

इक आलिम ने दे दिया, ये फ़त्वा अनमोल
सारे फ़त्वे भूल जा प्यार की बोली बोल

फ़ेहरिस्त

सीधी सच्ची नज़्में

कोविड शाइरी

मीठी कड़वी रुबाइयाँ

साधु हिलाल के दोहे

तारुफ़

डॉ. हिलाल फ़रीद ने जब मुझे अपनी किताब 'प्यार की बोली बोल' का 'तारुफ़' लिखने के लिए मुंतख़िब किया तो ये मेरे लिए ऐज़ाज़ की बात तो यक़ीनन थी मगर कुछ उलझन की बात भी थी क्योंकि मैं न तो शायर हूँ और न ही अदीब। उर्दू अदब से मेरा रिश्ता सिर्फ़ एक क़ारी (रीडर) का है। जब मैंने हिलाल से अपनी इस उलझन का ज़िक्र किया तो उन्होंने कहा कि उनको मुझ जैसे ही शख़्स की राय चाहिए क्योंकि उनका मक़सद अपने कलाम को शाइरी का शौक़ रखने वाले आम क़ारी तक पहुँचाना है न कि उसका किसी पेशेवर नक़्क़ाद (critic) से तन्क़ीदी तजज़िया (critical analysis) करवाना।

ज़ेर–ए–नज़र किताब में उर्दू शायरी की चार असनाफ (genre)–ग़ज़ल, नज़्म, रुबाई, और दोहे–शामिल हैं जो यक़ीनन हिलाल फ़रीद के उर्दू शायरी पर उबूर (command) और उनकी फ़न्नी महारत का सुबूत हैं। मैं समझता हूँ के बहुत कम मजमूए (collections) ऐसे होंगे जिनमें यह सारी असनाफ यकजा मिलें। दूसरी ख़ास बात इस मजमूए की यह है कि इसमें हिलाल ने हर सिन्फ़ के बारे में तकनीकी जानकारी भी दी है जो क़ारिईन (readers) के लिए बेहद मददगार साबित होगी।

हिलाल ने बाक़ायदा शायरी शायद सत्तर की दहाई के आख़िर या अस्सी की दहाई के अवाइल (beginning) में शुरू की। ये दौर जदीद शायरी का वो दौर था जिसकी लफ़्ज़िआत, अलामतें, और इस्तिआरे क्लासिकी शायरी से बिल्कुल मुख़्तलिफ़ थे। यहाँ तक कि

रिवायती ज़ुबान के इस्तेमाल से भी परहेज़ किया जाता था। एक बात जो हिलाल को उनके हमअस्र (contemporary) शाइरों से मुमताज़ करती है वो ये है कि हिलाल ने अपने तक़रीबन चालीस साल के तख़्लीक़ी सफ़र (creative voyage) में मुर्रव्विजा (prevalent) रुझान को अपने ऊपर ग़ालिब नहीं आने दिया बल्कि उन्होंने जदीद (modern) और हमअस्र मौज़ूआत को उर्दू शाइरी के क्लासिकी अन्दाज़ में कामयाबी से पेश किया।

अगर हम हिलाल की शायरी के मज़ामीन और उनके इज़्हार को देखें तो एक चीज़ बेहद नुमायाँ तौर पर उभर कर सामने आती है, और वो है 'इश्क़' और उसका वसी (wide) कैनवस। उनकी शायरी क़ारी को बा–आसानी ये समझा देती है कि इन्सान की हिस्सियत पर इश्क़ का ज़ुहूर (revelation) और उसके इर्तिका (evolution) की मुख़्तलिफ़ मनाज़िल किस तरह असर अन्दाज़ होती हैं। हिलाल के लिए इश्क़ एक ऐसा जज़्बा या अमल है जो इन्सान को नये–नये एहसासात से रुशनास भी कराता है और हमेशा इर्तिक़ा पज़ीर (ever evolving) भी रहता है। इस जज़्बे की मुख़्तलिफ़ जिहात (reasons) तो हैं लेकिन ये सारी जिहात एक बारीक धागे में पिरोई हुई महसूस होती हैं। यह कहा जा सकता है कि हिलाल के यहाँ इश्क़ एक वाज़ेह (obvious) और बोलती हुई अलामत है। हिलाल की शायरी के मौज़ूआत (topics) भी क़तई रिवायती नहीं हैं बल्कि पूरी तरह से उनकी अपनी सोच और फ़िक्र का नतीजा हैं। उनकी शुरुआत की ग़ज़ल का एक शेर देखें जो क्लासिकी अलामतों के ज़रिये असरी और जदीद फ़िक्र को पेश किये जाने की मिसाल है :

कई बस्तियों को उलट चुका कोई ताब इसकी न ला सका
मगर आँधियों का यह सिलसिला तेरा नक़्श ए पा न मिटा सका।

इस शेर में आँधी, बस्ती, नक़्श ए पा किन चीज़ों की अलामतें हैं यह क़ारी ख़ुद ब–कद्र ए तख़य्युल, मुशाहिदा–ओ–फ़िक्र तै करे। क्लासिकी असलूब (diction) गोकि हिलाल की शायरी का इम्तियाज है मगर ऐसा भी नहीं है कि जदीद अलामतें और इस्तेयारे इस्तेमाल

करने से उनको यकसर गुरेज़ हो यानी वो रवैया जो उमूमन जदीद शाइर क्लासिकी असलूब के लिए रखते हैं हिलाल उससे परहेज़ करते हुए नज़र आते हैं। इस ज़िम्न में उनके बहुत से अशआर पेश किये जा सकते हैं मसलन यह शेर :

सफ़र के दरमियाँ ख़ुद को यह धोका भी दिया है
सुनहरी धूप है और घर का आँगन आ गया है।

मगर यहाँ भी एक बात क़ाबिल–ए–ग़ौर है कि हिलाल ने जो अलामतें इस्तेमाल की हैं वह बोलती हुई अलामतें हैं यानी क़ारी को शेर की रूह तक पहुँचने के लिए ज़्यादा ज़हनी मशक़्क़त नहीं करनी पड़ती और शेर का लुत्फ़ ज़ायल नहीं होता।

हिलाल ने अपने आप को ग़ज़ल के शाइर की हैसियत से ही पेश किया है मगर उनकी नज़्में पढ़ने के बाद मैं यह सोचने पर मजबूर हुआ कि उन्होंने ऐसा क्यों किया। उनकी नज़्म की शायरी का भी वही इम्तिआज़ है जो उनकी ग़ज़लों का। मज़मून और अन्दाज़–ए–बयान के ऐतबार से उनकी नज़्में किसी भी तरह ग़ज़लों से कम नहीं है।

इस मजमूए (collection) में रुबाइयात और दोहे भी शामिल हैं जो इस बात की निशानदही करते हैं कि हिलाल को उर्दू शायरी का रिवायती ढाँचा कितना अज़ीज़ है। दरअस्ल ये उनके उस पुख़्ता यक़ीन की तरफ़ इशारा करता है कि शायरी का असली हुस्न उसके रिवायती अन्दाज़ में ही है और यह रिवायती अन्दाज़ शायर के हुस्न–ए–बयान में रुकावट नहीं है। संजीदा से संजीदा और पेचीदा से पेचीदा मज़ामीन भी उन अलामतों के ज़रिये पेश किये जा सकते हैं जो हमारी क्लासिकी शायरी का इम्तियाज़ है–हिलाल ने यह बात साबित की है।

रुबाइयात अगरचे कम हैं मगर अपने मज़मून के ऐतबार से अहम् हैं। रुबाई कहने में यह बात भी अहम है कि रुबाई कहते वक़्त बह्र (meter) और हैअत (form) के तक़ाज़ों को पूरा करने में मज़मून अफ़्रीनी (content creation) से समझौता न हो। हिलाल इस मेयार पर पूरे उतरते हैं।

दोहों में भी तबा–आज़माई (experimentation) इस बात की निशानदही करती है कि हिलाल को हिंदुस्तान की मख़लूत सक़ाफ़त (composite culture) से कितना सरोकार है। उनको उन अल्फ़ाज़ के इस्तेमाल से कोई गुरेज़ नहीं है जो ख़ास कर हिन्दी गीतों में इस्तेमाल हुए हैं और जिनमें हिन्दुस्तान की मिट्टी की ख़ुशबू है जैसे साजन, सावन और दीगर अलफ़ाज़।

जहाँ तक हिलाल की शायरी के मौज़ूआत का ताल्लुक़ है तो इतना कहना काफ़ी है कि वक़्त की रफ़्तार और फ़ी–ज़माना (contemporary) होने वाले तग़य्युरात (changes) पर उनकी न सिर्फ़ गहरी नज़र है बल्कि उनके पीछे जो अवामिल (processes) कारफ़रमा (in play) हैं वो उनकी पहचान भी रखते है। इश्क़ और रुमानियत तो उनकी शायरी की फ़िज़ा हैं। उनका लहजा भी मद्धम ही है मगर जब वह रजत–पसन्द (regressive) ताक़तों का ज़िक्र करते हैं–ख़ास तौर पर मज़हबी शिद्दत पसन्द (religious extremist) ताकतों का–तो उनके लहजे में भी शिद्दत आ जाती है जो उनकी शायरी के लहजे से मेल खाती हुई नहीं लगती।

कुल मिलाकर हिलाल का यह मज्मूआ–ए–कलाम जो नागरी रस्म–उल–खत में शाये (publish) हो रहा है मेरे ख़्याल से नये क़ारी को एक ख़ुशगवार तजर्बे से रुशनास करवायेगा और ये कोशिश कई ऐतबार से वक़्त की ज़रूरत भी है।

मोहम्मद सईद ख़ाँ
12 अगस्त 2020
जेद्दाह

अपनी बात

बातें हमारी याद रहें फिर ऐसी बातें न सुनियेगा
पढ़ते किसी को सुनियेगा तो देर तलक सर धुनियेगा

(मीर)

मेरी शाइरी का पहला मजमुआ (Anthology) 'जब दियों के सर उठे' के नाम से 2011 में शाया (Publish) हुआ था। उस वक़्त मुझे ज़रा भी उस तवज्जो की उम्मीद नहीं थी जो अहले–नज़र ने उस किताब को बख़्शी। लेकिन हिन्दुस्तान में उर्दू का सबसे बड़ा अल्मिया (Tragedy) यह है कि बहुत सारे ऐसे लोग जो उर्दू ज़बान और शाइरी के आशिक़ हैं उर्दू नहीं पढ़ पाते। इसलिए कई दोस्तों ने इसरार किया कि किताब देवनागरी में भी छपनी चाहिए। मुझे यह मशविरा इसलिए भी माक़ूल मालूम हुआ कि मैं उर्दू और हिन्दी को एक ही ज़बान समझता हूँ और बचपन में शे'र लिखते वक़्त कभी फ़ारसी, कभी देवनागरी और कभी दोनों स्क्रिप्ट्स का इस्तेमाल किया करता था। एक सूरत तो यह थी कि 'जब दियों के सर उठे' को ही देवनागरी में छपवा दिया जाये लेकिन उस किताब के छपने के बाद जो हौसलाअफ़ज़ाई मेरी हुई उसका नतीजा यह हुआ कि शाइरी की रफ़्तार बढ़ गयी और ताज़ा शाइरी का दूसरा मजमुआ भी अब तैयार है जिसको जल्द ही उर्दू में छपवाने का इरादा रखता हूँ। 'प्यार की बोली बोल' की शक्ल में देवनागरी स्क्रिप्ट के ज़रिये मैं आपकी ख़िदमत में अब तक के अपने कुल कलाम का इन्तख़ाब (Selection) पेश कर रहा हूँ। मुझे ख़ुशी होगी अगर इस किताब को कुछ ऐसे लोग पढ़ें

जिनको शाइरी का शौक़ तो है लेकिन उर्दू उनका ओढ़ना–बिछौना नहीं है। इसलिए किताब में इस दीबाचे (Preface) के बाद उर्दू के बारे में एक मज़मून है और फिर ऐसे ही मुख़्तसर (Brief) तआर्रुफ़ी (Introductory) मज़ामीन (Articles) किताब के मुख़्तलिफ़ हिस्सों से पहले भी हैं। मुझे उम्मीद है कि यह मज़ामीन उर्दू के नये दोस्तों को पसन्द आयेंगे और अगर उनको शाइरी की राह पर चलने का शौक़ होगा तो उनके लिए फ़ायदामन्द साबित होंगे।

'अपनी बात' का मक़सद पढ़नेवालों से अपना तआर्रुफ़ कराना होता है और क्योंकि देवनागरी स्क्रिप्ट के ज़रिये मैं आपसे पहली बार मुख़ातिब हो रहा हूँ इसलिए नीचे लिखी हुई सतरें (Lines) कमोबेश वही हैं जो मेरी पहली किताब में थीं :

शाइरी क्या है?

शाइरी ख़यालात और महसूसात को लफ़्ज़ों के साँचे में ढालकर एक जमालियाती तख़लीक़ (aesthetical creation) पैदा करने के फ़न का नाम है। यह फ़न दुनिया के क़दीमतरीन (most primitive) फ़नों में से एक है और इसकी तारीख़ लिखने–पढ़ने की तारीख़ से कहीं पुरानी है। आसारे–क़दीमा (archeology) की रिसर्च के मुताबिक़ शेरो–अदब की सबसे पुरानी मिसालें मेसोपोटामियन सिविलाइजेशन से वाबस्ता हैं। मेसोपोटामियन सिविलाइजेशन वो क़दीम तहज़ीब थी जो आज से तक़रीबन पाँच हज़ार साल पहले दरियाए–फ़रात (Euphrates) और दरियाए–दजला (tigris) के दरमियानी खित्ते (territory) में वजूद में आयी। यानी इसके क़वी इम्कानात (strong possibility) हैं कि शे'र लिखने की इब्तिदा मौजूदा इराक़ के इलाक़े में हुई हो। जिन्सी बराबरी (gender equality) में यक़ीन रखनेवाले लोगों को यह जानकर ख़ुशी होगी कि शाइरी के क़दीमतरीन रिकार्ड्स एक शाइरा (poetess) के हैं। उस ख़ातून का नाम इन्हेदुवाना (Enheduanna) था और वो सुमेर और अकद के बादशाह सारगन (Sargon) की बेटी थी। इस पर इख़्तिलाफ़ (disagreement) है कि शाइरी का चलन

सबसे पहले मज़हबी रुसूम (religious rituals) अदा करने के लिए हुआ या मामूलाते–ज़िन्दगी (routines of life) को बयान करने के लिए लेकिन तारीख़ का तजज़िया (assessment) इस बात की निशानदही ज़रूर करता है कि इब्तिदाई शाइरी मुक़फ़्फ़ा (rhymed) थी, उसमें ग़िनाईयत (musicality) पर ख़ासा ज़ोर था और वो मौसीक़ी के साथ गाकर सुनायी जाती थी। शाइरी की इब्तिदा किसी भी सबब हुई हो, इस फ़न में इन्सान की दिलचस्पी न सिर्फ़ अभी तक क़ायम है बल्कि उसमें इज़ाफ़ा हो रहा है। आमतौर पर हमारे मुआशरे (society) में साइंस और टेक्नोलोजी को फ़ुनूने–लतीफ़ा (fine arts) और ख़ासतौर से शाइरी का दुश्मन समझा जाता है और अगर science से तआल्लुक़ रखनेवाला कोई शख़्स शे'र कहने लगे तो दोनों धड़ों के लोग उसे ऐसे देखते हैं जैसे उसके सिर पर सींग निकल आये हों। हालाँकि हक़ीक़त यह है कि साइंस और टेक्नोलाजी ने हमेशा फुनूने–लतीफ़ा को बढ़ावा दिया है और उन्हें महफ़ूज़ रखने में मदद की है। यही वजह है कि साइंस और टेक्नोलोजी के फ़रोग़ (विकास) के साथ–साथ दुनिया भर में जितनी शाइरी पिछले सौ बरसों मे मंज़रे–आम पर आयी उतनी पिछली किसी सदी में नहीं आयी। ख़ुद मैं अपने मुताल्लिक़ यह बात यक़ीन से नहीं कह सकता कि अगर उर्दू और हिन्दी सोफ़्टवेयर की सहूलत न होती तो मेरा शौक़े–फ़ुज़ूल (futile hobby) एक मजमूए की शक्ल में आप तक पहुँच भी पाता। इसलिए हुज़ूर, अगर इस किताब का कोई शे'र भला लगे तो साइंस और टेक्नोलोजी को दुआ ज़रूर दीजियेगा!

इससे पहले कि आप अश्आर पढ़ें, दिल चाहता है कि अपने बारे में एक–दो बातें आपको बता दी जायें।

मैं और मेरा घराना

आबाई वतन लखनऊ है, पैदा भी वहीं हुआ लेकिन जब 1962 में अलीगढ़ मेडिकल कॉलेज क़ायम हुआ तो पापा (वालिद साहब) मेडिकल मुदर्रिस (teacher) की हैसियत से मा–एहलो–अयाल (with family)

अलीगढ़ मुनतक़िल (transfer) हो गये। नतीजतन मेरी परवरिश और तरबियत अलीगढ़ में हुई। इब्तिदाई तालीम अवर लेडी ऑफ़ फ़ातिमा कॉन्वेंट में हासिल की और हायर सेकंडरी कर लेने के बाद अलीगढ़ मुस्लिम यूनिवर्सिटी में दाख़िल हो गया। शौक़ फ़ौजी बनने का था। नेशनल डिफेंस एकेडेमी का इम्तेहान दिया और कामयाबी भी हासिल हुई लेकिन उन्हीं दिनों घर में कुछ सानहे (tragedies) ऐसे हुए कि ये ख़्वाब शरमिन्द–ए–ताबीर न हो सका। बुज़ुर्गों के इसरार पर मेडिकल कैरियर को गले लगाया और अलीगढ़ के जवाहर लाल नेहरू मेडिकल कॉलेज के ऑर्थोपेडिक डिपार्टमेंट में लेक्चरर बनकर ठाठ किये। फिर कमोबेश दो बरस सऊदी अरब में Ministry of health की 'सज़ा' काटी। नवम्बर 1992 में अपनी मर्ज़ी के मुताबिक़ शादी के बन्धन में बँधा और उसी बरस दिसम्बर में बरतानिया चला आया। यहाँ ऑर्थोपेडिक सर्जिकल ट्रेनिंग का एक दूसरा दौर मुकम्मल किया। अब बीवी ज़ोया और बेटे ज़ेब (Zaib) के साथ लन्दन में रहता हूँ और नेशनल हेल्थ सर्विस (NHS) की रोज़ी रोटी पर हूँ। वालिदा सूफ़िया सुल्ताना साहिबा मझले भाई राहिज के साथ क़रीब ही यानी लन्दन के उस पार कैंट (Kent) में रहती हैं और सबको दुआयें देती हैं। सबसे छोटा भाई तालिब अमरीका जा बसा है। मामूँ हसन इक़बाल साहब और हसन कमाल साहब हिन्दुस्तान में हैं और इस बात का सुबूत हैं कि वतन से ख़ूनी रिश्ता क़ायम है।

मेरी ज़बान और मैं

आपसे अपनी ग़लतियों की माफ़ी माँगूँ और 'तो' की जगह 'ते' लिख मारूँ तो हैरान न हों कि उर्दू हो चाहे हिन्दी या अंग्रेज़ी, इमला के मामले में मेरी पस्ती इसी मेयार की है। अगर किसी मग़्रिबी मआशरे (Western society) में पला–बढ़ा होता तो शायद बचपन ही में ख़ुद को Dyslaxic dysgraphic साबित करवाकर स्कूल में दिलफ़रेब उस्तानियों से जी भर कर नाज़ उठवाता और घर में वालदैन की दुगुनी तवज्जो पाता। मगर अफ़सोस कि इमला की लग़ज़िशों (ग़लतियों) पर फ़क़त सनटियाँ खाता रहा!

जैसा कि ऊपर अर्ज़ कर चुका हूँ मेरी तालीम एक इंग्लिश मीडियम कान्वेंट में हुई। स्कूल में एडवांस उर्दू ले रखी थी लेकिन उर्दू की ज़्यादातर तालीम घर पर ही हुई। किसी उर्दू इदारे में बाक़ायदा दर्स हासिल करने का मौक़ा न मिला। बोलचाल की ज़बान तो सबकी उर्दू ही थी लेकिन मेरे क़रीबी दोस्तों में से किसी को भी उर्दू पढ़ने या लिखने से कोई ख़ास दिलचस्पी नहीं थी। जो अहबाब (दोस्त) शाइरी और फ़ुनूने–लतीफ़ा की जानिब माइल (inclined) थे वो भी पढ़ाई–लिखाई और इज़हारे–फ़िक्र के लिए अंग्रेज़ी या हिन्दी का इस्तेमाल करते थे।

अम्मी का ख़याल है कि अपनी मादरी ज़बान से लगन पैदा करने और उस ज़बान में मेरे शौक़ को बरक़रार रखने का सेहरा 'इब्ने सफ़ी' और उनकी 'जासूसी दुनिया' के सर बाँधा जाना चाहिए!

शाइरी और मैं

घर में किताबों की भरमार थी। पापा और अम्मू जान (बड़े चचा जो हमारे साथ रहते थे और जिन्होंने हम तीनों भाइयों से बाप की सी मोहब्बत की) दोनों को शे'रो–अदब में गहरी दिलचस्पी थी। अम्मू जान को बेपनाह शे'र याद थे जिन्हें वो अपने मख़सूस (charecteristic) अन्दाज़ में पढ़ा करते थे। पापा रशीद अहमद सिद्दीक़ी साहब के मुआलिज (डाक्टर) भी थे, मद्दाह (fan) भी और कई मुशतरका (mutual) शौक़ (मछलियाँ, अदब और गुलाब) की वजह से उनके और उनके ख़ानदान के क़रीब भी। और हालाँकि मामू जान (हसन कमाल साहब) से मुलाक़ात कभी–कभी हो पाती थी लेकिन वो उर्दू के शाइर और सहाफी होने के नाते ख़ासे मशहूर हो चुके थे और उनकी ख़बरें भी हम तक पहुँचती रहती थीं। हम लोग यूनिवर्सिटी के उस इलाक़े में रहते थे जिसे पहले तार वाला बँगला और बाद में ज़ाकिर बाग़ कहा जाने लगा था। अजब महल्ला था। चालीस–पैंतालीस स्टाफ़ के बँगले थे और क्या–क्या लोग वहाँ बसते थे। हमारे मकान का नम्बर दस था। तक़रीबन सौ गज की दूरी पर रशीद अहमद सिद्दीक़ी साहब का घर था। उनसे थोड़ी ही दूर पर जज़्बी साहब की रिहाइश

थी। सामने वाली लाइन में अख़्तर अंसारी ('यादे माज़ी अज़ाब है' वाले) और अस्लूब अंसारी रहते थे। 31 नम्बर जो हमारी पुश्त पर था उसमें इकरामुल्लाह ख़ाँ साहब रहते थे जो नुमाइश के मुशाइरों के मुंतज़िम (organiser) हुआ करते थे। मुलहिक़ा (पास वाले) 33 नम्बर में ख़लीलुर्रहमान आज़मी साहब और शह्रयार साहब रहते थे और पास ही साजिदा ज़ैदी और ज़ाहिदा ज़ैदी की रिहाइश थी। गरचे यह बचपन का ज़माना था और मेरी शे'री हिस (sensitivity) ने अभी ठीक से आँख नहीं खोली थी मगर यह कहना ग़लत न होगा कि इर्दगिर्द की फ़िज़ा आला अदबी और शे'री हवाओं से मुअत्रर थी। यक़ीनन इन तमाम बातों का कुछ–न–कुछ दख़ल मेरे शाइरी की जानिब माइल होने में रहा होगा।

शाइरी की इब्तिदा स्कूल के ज़माने में हुई। उल्टे–सीधे शे'र कहता और यारों दोस्तों का दिमाग़ चाटता। लेकिन इस बात का एहसास था कि मिसरे बराबर नहीं होते और यह फ़िक्र रहती थी कि इस मसअले को हल करने की कोई सबील (solution) निकले। अलीगढ़ में रवायती उस्तादों की कमी नहीं थी लेकिन उन दिनों किसी के हाथ पर बैत करके बाबा आदम के ज़माने वाली शागिर्दी को कुबूल कर पानेवाला मिज़ाज नहीं था। डर था कि अगर कोई ट्रेडीशनल उस्ताद मिल गया और फिर किसी बात पर इख़्तिलाफ की सूरत में मुझसे कोई गुस्ताख़ी सरज़द हो गयी तो ख़ुद को कभी माफ़ न कर सकूँगा। एजुकेशनल बुक हाउस से अल्लामा अख़लाक़ हुसैन साहब देहलवी की किताब 'फ़ने–शाइरी' ख़रीद कर लाया। पढ़कर ग़ज़ल के कुछ उसूल तो समझ आये मगर अपनी ग़लतियाँ और भी नुमायाँ हो गयीं और उलझनों में मज़ीद (further) इज़ाफ़ा हो गया। लेकिन ख़ुदा मेहरबान था जल्द ही सबील निकल आयी। मेरी उधेड़ बुन मेरे एक अज़ीज़ दोस्त मोहम्मद आसिम से न देखी गयी और आसिम ने मेरी मुलाक़ात अपने ख़ालाज़ाद भाई शहपर रसूल साहब (जो अब प्रोफ़ेसर शहपर रसूल हैं) से करा दी। मैं उन दिनों MBBS के पहले साल में था और शहपर भाई मेडिकल कॉलेज के सुपरिंटेडेंट ऑफ़िस में काम कर रहे थे। हमारा तआल्लुक़ जल्द ही

एक गहरी और पायदार दोस्ती में तब्दील हो गया। काफ़ी वक़्त साथ गुज़रता और अदबी और शे'री मसाइल पर घण्टों दोस्ताना बहसें होतीं। शाइरी के बुनियादी उसूल और ज़वाबित मैंने शहपर भाई से ही सीखे। 1981 में तरक़्क़ी उर्दू ब्यूरो की किताब 'दर्स–ए–बलाग़त' आयी जिसमें शम्सुर्रहमान फ़ारूक़ी साहब ने उरूज़ के मसाइल आसान अन्दाज़ में समझाये हैं तो उससे मज़ीद मदद मिली और मैं जैसे धीरे–धीरे अपने पाँव पर खड़ा हो गया।

ग़लतियाँ अब भी करता हूँ मगर ऐतमाद (confidence) के साथ!!

शे'र कहने का शौक़ एक निजी शौक़ था और मुमकिन है कि यह शौक़ अपनी ही ज़ात तक महदूद रहता लेकिन शहपर भाई ने मेरी कुछ तख़लीक़ात छपवाईं भी और मुझको अदबी हलक़ों से रूशनास (introduce) भी कराया। इसका नतीजा यह हुआ कि मेरी शाइरी का पता शह्रयार साहब को चला। शह्रयार साहब से तआल्लुक़ तब से था जब वो अपनी तालिब–ए–इलमी के ज़माने में ख़लील साहब के यहाँ मुक़ीम थे और मेरा और ख़लील साहब के बड़े बेटे कम्मू (कामरान) का हम–उम्र और हम–जमात (class fellow) होने की वजह से दिन रात का साथ था। इसी तआल्लुक़ से मैं शह्रयार साहब को कम्मू की तरह चच्चा ही कहता था। चच्चा की मोहब्बत और हौसलाअफ़्जाइयों ने मेरी शे'री काविशों और अदबी जुस्तजू को मज़ीद फ़रोग़ बख़्शा और इस राह पर चलते रहने की लगन को बढ़ाया। अफ़सोस कि आज वो इस दुनिया में नहीं हैं।

मेरी शाइरी और आप

यह एक हक़ीक़त है कि महज़ अल्फ़ाज़ के एक स्ट्रक्चर्ड फ़ॉर्मेट को शाइरी नहीं कहा जा सकता। शाइरी को रूह जज़्बे, एहसास और फ़िक्र से मिलती है। कम उम्री के मासूम और वालिहाना रिश्तों और तआल्लुक़ात से होनेवाले तजर्बात वो सरचश्मे हैं जिनसे तसव्वुर का जन्म होता है और जज़्बे और एहसास की कोपलें फूटती हैं। जज़्बात, महसूसात और फ़िक्र को सींचते रहने और इस अमल से पैदा होनेवाले तक़ाजों को पूरा करते रहने का नाम इश्क़ है। इश्क़

के बग़ैर शाइरी फ़क़त अल्फ़ाज़ का एक ढेर है जो न तो कहनेवाले को तख़लीक़कारी (creativity) की मसर्रतें फ़राहम (provide) कर सकता है और न ही सुननेवाले पर कोई असर छोड़ सकता है। यह इश्क़ अगर जदीद शाइर के यहाँ दर (appear) आयेगा तो भी रंग लायेगा और अगर तरक़्क़ी पसन्द शाइर के यहाँ उतरेगा तब भी सर चढ़ कर बोलेगा। बिसात भर मैंने कोशिश की है कि अल्फाज में इश्क़ गूँधकर शे'र लिखूँ।

आज अपना सरमाया इस किताब की शक्ल में आपके सुपुर्द कर रहा हूँ। मैं अपनी कोशिशों में कितना कामयाब हुआ इसका फ़ैसला आप पर छोड़ता हूँ।

23 जून 2020
लन्दन

हिलाल फ़रीद

तश्क्कुरात

इफ़्फ़न भाई (प्रोफ़ेसर इफ़्तिख़ार आलम ख़ान साहिब) की मोहब्बतों, मशवरों और हिम्मत अफ़ज़ाइयों का ममनून हूँ कि इनके बग़ैर मेरे लिए क़दम बढ़ाना मुश्किल होता है।

शहपर भाई (प्रोफ़ेस्सोर शहपर रसूल साहब) का ममनून हूँ कि उन्होंने शाइरी के इब्तिदाई दिनों में मेरी मदद की (तफ़्सीलात 'अपनी बात' में देखें) और फिर एक बेहतरीन दोस्त बन गये। इस किताब की छपाई के सिलसिले में भी शहपर भाई ने अपने पुरख़ुलूस मशवरों से नवाज़ा।

अपने नौजवान दोस्त शाहू (जिन्हें बाक़ी दुनिया प्रोफ़ेसर शाह आलम ख़ान के नाम से जानती है) का भी बेहद शुक्रगुज़ार हूँ कि इस किताब को देवनागरी में छपवाने की राय उन्होंने ही दी और इस मरहले को सर करने के रास्ते भी तजवीज़ किये।

जनाब रहमान मुसव्विर (एसोसिएट प्रोफ़ेसर, हिन्दी, जामिआमिलिया यूनिवर्सिटी) साहब का ममनून हूँ कि उन्होंने मेरे कई मुश्किल तक़ाज़ों का ख्याल रखते हुए मेरी शाइरी का उर्दू से हिन्दी स्क्रिप्ट में महारत के साथ ट्रांस्लिट्रेशन किया।

मोहतरमा ममता गुप्ता साहिबा का शुक्रगुज़ार हूँ कि उन्होंने किताब के पहले स्क्रिप्ट पे नज़र भी डाली और हौसला अफ़ज़ाई भी की।

दो चार बरस पहले मुझे अपने पुराने दोस्त सईद ख़ान साहब से reconnect होने का इत्तफ़ाक़ हुआ। तालिब–ऐ–इल्मी के ज़माने में उनके आला ज़ौक़ का ऐतराफ़ हम सबको था लेकिन

इन दिनों उनसे गुफ़्तगू करके मुझे उनके साथ ख़यालात में हमआहंगी का एहसास भी हुआ और मैं उनकी वुसअत–नज़री से मुतास्सिर भी हुआ। कोरोना pandemic के दौरान उनसे zoom पर मुलाक़ातों का सिलसिला शुरू हुआ तो हमख़याली नुमाया होती चली गयी जिसकी बदौलत उनके साथ कई projects शुरू किये जा चुके हैं। सईद ने न सिर्फ़ इस पूरी किताब का ग़ौर से तजज़िया किया बल्कि मेरे इसरार पर इस किताब का 'तार्रुफ़' लिखने के लिए भी राज़ी हो गये जिसके लिए मैं उनका तहेदिल से शुक्रगुज़ार हूँ।

रख़्शन्दा साहिबा (डॉक्टर रख़्शन्दा जलील) से मुलाक़ात चन्द बरस पहले लन्दन के एक प्रोग्राम में हुई थी। उर्दू अदब से उनकी दिलचस्पी और ज़बान और तहज़ीब की ख़िदमात में उनकी लगन क़ाबिल–ऐ–तहसीन है। इस किताब की इशाअत नामुमकिन थी अगर रख़्शन्दा ने उतनी दिलचस्पी न ली होती जितनी कि उन्होंने ली। रख़्शन्दा ने वाणी प्रकाशन से मुझे मुतार्रिफ़ भी कराया और इशाअत के सफ़र में हर मोड़ पर रहनुमाई भी की। उनका जिस क़दर भी शुक्रिया अदा किया जाये, कम ही होगा।

आख़िर में मैं वाणी प्रकाशन का और बिलख़ुसूस प्रकाशन की डायरेक्टर अदिति माहेश्वरी–गोयल साहिबा का शुक्रिया अदा करना चाहता हूँ के उन्होंने मेरी मामूली शायरी को अपनी पेशेवराना सलाहियतों के ज़रिये एक जाज़िब–नज़र किताब की शक्ल देकर एक बार फिर ये साबित कर दिया के हिन्दी पब्लिकेशन के मैदान में उन्हें जो इम्तिआज़ हासिल है वो यूँ ही नहीं है!

हिलाल फ़रीद

ज़रूरी नोट

Spellings (इमला) के पुजारियों, मौलवियों और पादरियों के लिए

क्योंकि इस किताब के ज़रिये मेरा मक़सद अपनी उर्दू शाइरी को हिन्दी (नागरी) script में पेश करना है, इसीलिए किताब में spellings के क़वाइद (rules) पर शाइरी के क़वाइद को तरजीह (preference) दी गयी है ताकि बेह्र (meter), सौत्यात (phonetics) और तलफ़्फ़ुज़ (pronunciation) पर अस्र न पड़े। यही वजह है कि 'यह' की जगह 'ये' और 'वह' की जगह 'वो' जैसी ढेरों लग़ज़िशें (deviations) मिलेंगी। जिन लोगों को मेरी ये गुस्ताख़ियाँ (impertinences) बुरी लगेंगी मैं उनके दुख को समझता हूँ और उनके लिए ख़ुशी की दुआ करता हूँ!

हिलाल फ़रीद

हमारी बोली

हमारी बोली दुनिया की तीन सबसे ज़्यादा बोली जानेवाली बोलियों में से एक है। पचास करोड़ से ज़्यादा लोग इस बोली के ज़रिये गुफ़्तगू करते हैं। दुनिया में सबसे ज़्यादा देखी जानेवाली फ़िल्मों की ज़बान भी यही ज़बान है। तारीख़ी ऐतबार से हमारी बोली मुख़्तलिफ़ नामों से पहचानी गयी है। तेरहवीं सदी के अज़ीम शाइर अमीर ख़ुसरो जिन्होंने हमारी बोली में सबसे पहले शे'र कहे, इस बोली को 'हिंदवी' कहा करते थे। शाहजहाँ के ज़माने तक यह ज़बान हिन्दुस्तान की आम बोली बन चुकी थी और इसको 'हिन्दी' के नाम से जाना जाने लगा था और इसके बाद 300–400 बरस तक यह ज़बान इसी नाम से जानी जाती रही। इस ज़बान में शे'र कहने को रेख़्ता भी कहा गया। मीर तक़ी मीर ने लिखा है कि फ़न–ए–रेख़ता शाहजहाँनाबाद की क़दीम ज़बान (यानी हिन्दी) में बतर्ज़े–फ़ारसी शाइरी करना है। मुग़ल दौर के आख़िरी दिनों में यह ज़बान ज़बाने–उर्दू–ए–मुअल्ला (Language of exalted city) के नाम से पहचानी जाने लगी। लफ़्ज़ 'उर्दू' तुर्की ज़बान के उसी लफ़्ज़ ord से बना है जिससे अंग्रेज़ी का लफ़्ज़ whord बना है। तुर्की लफ़्ज़ ord के मानी लश्कर या camp हैं। 'ज़बाने–उर्दू–ए–मुअल्ला' की इस्तेलाह इसलिए आम हुई क्योंकि इस दौर तक यह ज़बान दिल्ली की वो आलातरीन ज़बान बन चुकी थी जो शाही क़िले में बोली जाती थी। जदीद रिसर्च के मुताबिक़ इस ज़बान के लिए सिर्फ़ 'उर्दू' लफ़्ज़ का इस्तेमाल सबसे पहले उर्दू शाइर मुसहफ़ी (1750–1824) की तहरीरों में मिलता है। मुग़लिया सल्तनत के ज़वाल के बाद भी अंग्रेज़ों ने पहले उर्दू को ब्रिटिश इंडिया

की सरकारी ज़बान बनाया था लेकिन कुछ ही बरस में बढ़ती हुई फ़िरक़ावारियत की बिना (basis) पर एक फ़िरक़े ने ज़बान को संस्कृत की तरफ़ तो दूसरे फ़िरक़े ने उसे अरबी फ़ारसी की तरफ़ लेजाने की कोशिशें शुरू कर दीं। फिरक़े और ज़बान की बिना पर पड़ती हुई फूट अंग्रेज़ी इम्पीरियलिज़्म को रास आने लगी और हिन्दुस्तान की मुश्तरका तहज़ीब (composite culture) में दरारे पड़ने लगीं। हाकिम मज़बूत होते गये और महकूम कमज़ोर। सियासत के तक़ाज़ों ने मुश्तरका ज़बान की दर्जा बंदी कर दी। जहाँ ज़बान फ़ारसी माइल (Persianised) हुई उसे उर्दू कहा गया जहाँ ज़बान संस्कृत माइल (Sanskritised) हुई उसे हिन्दी कहा जाने लगा और बोलचाल की आम बोली को हिन्दुस्तानी का नाम दिया गया। लेकिन हमारी ज़बान बड़ी सख़्त जान है। उसके जिस्म के तीन हिस्से कर दिये गये, वो लहूलुहान हुई लेकिन अपनी जादूगरी से बाज़ नहीं आयी। आशिक़ों का दिल जीतती रही और अपना काम करती रही। इसने इनक़िलाब ज़िन्दाबाद का नारा दिया, 'सरफ़रोशी की तमन्ना अब हमारे दिल में है देखना है ज़ोर कितना बाज़ूए क़ातिल में है', जैसे शे'र लिखवाये और जंगे–आज़ादी को अपने ख़ून से सींचकर हिन्दुस्तान की बेड़ियाँ खुलवा दीं। आज हमारी यही बोली न सिर्फ़ बर्रे–सग़ीर (Indian subcontinent) हिन्दुस्तान में बल्कि दुनिया के उन तमाम मुल्कों में बोली जाती है जहाँ जुनूबी (south) एशिया के लोग पाये जाते हैं। यह अलग बात है कि यही ज़बान जब देवनागरी स्क्रिप्ट में लिखी जाती है तब यह हिन्दी बन जाती है जब फ़ारसी स्क्रिप्ट में लिखी जाती है तो उर्दू बन जाती है। वक़्त की इस सितमज़रीफ़ी (irony) ने एक ऐसी सूरत–ए–हाल पैदा कर दी है कि बोली जानेवाली ज़बान को समझनेवाले तो बेशुमार हैं लेकिन लिखी जानेवाली ज़बान को समझनेवालों की तादात महदूद (limited) है क्योंकि वो लोग जो सिर्फ़ एक स्क्रिप्ट का इल्म रखते हैं दूसरे स्क्रिप्ट में लिखे जानेवाले अदब का लुत्फ़ नहीं उठा पाते। मगर परवरदिगार के यहाँ 'देर तो है अन्धेर नहीं'। इसलिए क़ुदरत की तरफ़ से साइबर एज (cyber age) हम सबके लिए ख़ुशख़बरियाँ लेकर नाज़िल (appear) हुई है

और नयी ईजादात नये मवाक़े (opportunities) फ़राहम कर रही हैं। इंटरनेट पर हमारी बोली सर चढ़ कर बोल रही है और उर्दू, हिन्दी और रोमन तीनों स्क्रिप्टों में धुआँधार लिखी जा रही है। नौजवान नस्ल पिछले पाँच–छह बरस से टेक्स्ट मैसेंजिंग और चैटिंग के लिए अपनी ज़बान का आज़ादाना (freely) इस्तेमाल कर रही है। यही नहीं उर्दू की नयी–नयी अदबी वेबसाइट्स भी तेज़ी के साथ मंज़रे–आम पर आ रही हैं।

तब्दीलियाँ तो यक़ीनन और भी आयेंगी और आना भी चाहिए लेकिन लगता यह है कि आनेवाली तब्दीलियाँ ख़ुशगवार ही होंगी इसलिए मेरी नाचीज़ राय में हमारी बोली का मुस्तक़बिल उतना मायूसकुन (depressing) नहीं जितना कुछ दोस्त समझते हैं!

ग़ज़ल ज़िन्दाबाद

ग़ज़ल क्या है

उर्दू शाइरी की दो बुनियादी क़िस्में (अस्नाफ़ या सिन्फ़ें) हैं। पहली ग़ज़ल और दूसरी नज़्म। आइए पहले बात ग़ज़ल की करते हैं। कहा जाता है कि ग़ज़ल उर्दू शाइरी की आबरू है। यक़ीनन यह उर्दू शाइरी की सबसे दिलचस्प और मक़बूल सिन्फ़ (genre) है। डिक्शनरी के हिसाब से 'ग़ज़ल' के मा'नी हैं 'महबूब से बात करना'। इन लफ़्ज़ी मा'नों को जान लेने से ग़ज़ल के रोमांटिक मिज़ाज का तो अन्दाज़ा होता है लेकिन पूरी कहानी समझ में नहीं आती। हक़ीक़त यह है कि उर्दू के शाइरों ने ग़ज़ल के ज़रिये रोमांटिक, मिस्टिकल, पर्सनल, सोशल, कल्चरल और दूसरे तमाम मसअलों को लेकर अपने जज़्बात और महसूसात का इज़हार किया है। यह बात अलग है कि चाहे टॉपिक कोई हो, अगर लहजा रोमांटिक हो, तो शे'र का लुत्फ़ दोबाला हो जाता है। और मेरी राय में यही अच्छी ग़ज़ल की पहचान है।

ग़ज़ल और नज़्म की शाइरी में अहम फ़र्क़ यह है कि नज़्म में एक बुनियादी थीम होती है जो शुरू से आख़िर तक नज़्म के सिलसिले को जोड़े रखती है लेकिन ग़ज़ल की बुनियाद आमतौर से किसी एक थीम पर नहीं होती बल्कि ग़ज़ल का हर शे'र अपने अन्दर मुक़म्मल होता है और ज़ाहिरी बुनत (जो बह्र, रदीफ़ और क़ाफ़िए के इन्तज़ाम से पैदा होती है) के अलावा मा'नवी ऐतबार (मा'नी के एतबार) से दूसरे शे'रों से जुड़ा हुआ नहीं होता। हमारे ख़याल में उर्दू की अमरीकी स्कॉलर Francis Pritchet ने ग़ज़ल के सिलसिले में यह बात ख़ूब कही है :

"A Ghazal, in short, is a series of semantically independent two-line mini-poems that have a strong formal unity–but usually no particular unity beyond that."

ग़ज़ल का एक हुनर यह है कि दो मिस्रों में बड़े–से–बड़े और पेचीदा–से–पेचीदा मज़मून को ख़ूबसूरती और आसानी से बयान कर दिया जाये। इस कमाल को ग़ज़ल का 'एजाज़–ओ–इख़्तिसार' कहते हैं। ग़ज़ल की एक और ख़ूबी यह है कि इसके अश्आर दिल से फूटते हुए महसूस हों और शाइर के मिज़ाज, उसकी शख़्सियत और उसकी अन्दरूनी कैफ़ियत की सच्ची तर्जुमानी करें। ग़ज़ल में इस ख़ूबी को 'दाख़िलीयत' कहते हैं।

ग़ज़ल पैदा अरब में हुई। इस पर जवानी ईरान में आयी और अब यह हिन्दुस्तान का अमृत पीकर दुनिया भर में धूम मचा रही है।

ग़ज़ल का स्ट्रक्चर या ग़ज़ल की बुनियादी बनावट

आइए इस किताब में शामिल एक ग़ज़ल के ज़रिये हम ग़ज़ल के अहम हिस्सों और उसमें इस्तेमाल होनेवाली टर्मिनॉलजी को समझने की कोशिश करते हैं।

ग़ज़ल

1	तेरा चेहरा देख रहा हूँ फूल को खिलता देख रहा हूँ
(क़ाफ़)	
2	सूरज चढ़ता देख रहा हूँ चाँद को छुपता देख रहा हूँ
3	वक़्त को जामिद सोच लिया था वक़्त बदलता देख रहा हूँ
4	एक अजब बाज़ार लगा है मैं भी तमाशा देख रहा हूँ

5	यार तिरे इस शह्र में आकर देख मैं क्या क्या देख रहा हूँ
(क़ाफ़)	
6	घूम रहा हूँ नगरी नगरी साँझ सवेरा देख रहा हूँ
7	काम है मेरा चलते रहना हर इक रस्ता देख रहा हूँ
8	मैं ही दरिया मोड़ के लाया मैं ही प्यासा देख रहा हूँ
9	जब से हिलाल इक इश्क़ किया है रोज़ करिश्मा देख रहा हूँ

नोट कीजिए इस ग़ज़ल में नौ (9) अश्आर हैं। हर शे'र दो लाइनों का है। शे'र की लाइन को मिस्रा कहते हैं। यानी ग़ज़ल का हर शे'र दो मिस्रों का होता है। शे'र के पहले मिस्रे को **मिस्राए-ऊला** और दूसरे को **मिस्राए-सानी** कहते हैं।

यह भी नोट कीजिए कि इस ग़ज़ल के तमाम मिस्रों को पढ़ते वक़्त यह एहसास होता है कि वो सब बराबर के हैं और उनमें एक Rythm है। शाइरी की ज़बान में इस बराबरी और rhythm को बह्र (meter) में होना कहते हैं। ग़ज़ल के लिए मिस्रों का बह्र यानी meter में होना ज़रूरी है। और सिर्फ़ यही नहीं बल्कि यह भी ज़रूरी है कि सारे मिस्रे एक ही meter में हों। अगर ऐसा न हो तो मिस्रा बह्र से ख़ारिज कहलाता है और इसको ग़ज़ल की दुनिया में शाइर का अनाड़ीपन समझा जाता है।

रदीफ़ : ग़ौर कीजिए कि इस ग़ज़ल में फ़िक़रा (वाक्यांश) 'देख रहा हूँ' हर शे'र के दूसरे मिस्रे में मौजूद है। वो लफ़्ज़ या फ़िक़रा जो ग़ज़ल के हर शे'र के दूसरे मिस्रे के आख़िर में आता है उसे ग़ज़ल की रदीफ़ कहते हैं। ग़ज़ल में रदीफ़ का होना ज़रूरी नहीं है।

जिस ग़ज़ल में रदीफ़ होती है उसे 'मुरद्दिफ़ ग़ज़ल' और जिसमें नहीं होती उसे 'ग़ैर मुरद्दिफ़ ग़ज़ल' कहते हैं।

क़ाफ़िया (rhyme) : नोट कीजिए कि इस ग़ज़ल में रदीफ़ से फ़ौरन पहले आनेवाले तमाम अल्फ़ाज़ का आख़िरी हिस्सा एक ही तरह की आवाज़ों पर ख़त्म होता है; जैसे चेहरा, खिलता, चढ़ता, छुपता, क्या क्या, करिश्मा वग़ैरह। आवाज़ों के इस तालमेल को 'हम–क़ाफ़िया' होना कहते हैं और जो लफ़्ज़ या फ़िक़रा यह तालमेल पैदा करता है उसे क़ाफ़िया (rhyme) कहते हैं। यानी चेहरा, खिलता, क्या क्या, करिश्मा वग़ैरह सब इस ग़ज़ल के क़ाफ़िये (या क़वाफ़ी) हैं। ग़ज़ल के लिए क़ाफ़िया ज़रूरी है। जिस शाइरी में क़ाफ़िया न हो उसे ग़ज़ल नहीं कहा जा सकता।

ज़मीन : ग़ज़ल के अश्आर के दूसरे मिस्रों का वो हिस्सा जो उसमें इस्तेमाल होनेवाले क़ाफ़िये और रदीफ़ के जुड़ने से बनता है उसे ग़ज़ल की 'ज़मीन' कहते हैं। यानी हमारी ग़ज़ल की ज़मीन, चेहरा देख रहा हूँ, उगता देख रहा हूँ वग़ैरह कही जायेगी।

मत्ला : लफ़्ज़ मत्ला 'तुलूअ' यानी 'शुरू' होने से बना है। ग़ज़ल का पहला शे'र जिसके दोनों मिस्रों में क़ाफ़िया और रदीफ़ (अगर ग़ज़ल मुरद्दिफ़ है) होते हैं उसे मत्ला कहते हैं। मत्ला एक तरह से ग़ज़ल की स्टेज set करता है और उससे यह अन्दाज़ा होता है कि ग़ज़ल का rhythm क्या होगा और वो किस बह्र, क़ाफ़िये और रदीफ़ को लेकर आगे बढ़ेगी। हमारी ग़ज़ल में शे'र नम्बर 1 मत्ला है।

मत्लाए-सानी या हुस्न मत्ला : ग़ज़ल में एक से ज़्यादा मत्ले भी हो सकते हैं। अगर ऐसा हो तो पहले मत्ले को मत्ला–ऊला और दूसरे मत्ले को मत्ला–सानी या हुस्न मत्ला कहते हैं। हमारी ग़ज़ल में शे'र नम्बर एक मत्ला–ऊला और शे'र नम्बर दो मत्ला–सानी या हुस्न मत्ला है।

तख़ल्लुस : शाइर का वो नाम जो वो अपनी शाइरी में इस्तेमाल करता है उसका तख़ल्लुस कहलाता है।

मक़्ता : लफ़्ज़ मक़्ता 'क़ताअ' यानी 'काटने' या 'ख़त्म करने' से बना है। ग़ज़ल का आख़िरी शे'र जिसमें शाइर का तख़ल्लुस हो उसे मक़्ता कहते हैं। हमारी ग़ज़ल में शे'र नम्बर 9 मक़्ता है।

उर्दू के क्लासिकल शोअरा मत्ला और मक़्ता का बहुत ख़याल रखते थे लेकिन ग़ज़ल में मत्ला और मक़्ता का होना लाज़िम नहीं और बहुत से नये शोअरा मत्ला और मक़्ता नहीं कहते।

क़ताबंद अश्आर : ग़ज़ल में कुछ अश्आर ऐसे भी हो सकते हैं जो अपने अन्दर मुक़म्मल तो हों लेकिन जब साथ पढ़े जायें तो ख़याल को और आगे बढ़ाएँ। अश्आर के ऐसे ग्रुप को क़ताबन्द अश्आर कहते हैं और शाइर इन अश्आर की निशानदेही पहले शे'र के ऊपर 'क़ाफ़' लिख कर करता है। हमारी ग़ज़ल में अश्आर नम्बर 2+3 और अश्आर नम्बर 6+7 क़ताबन्द अश्आर हैं।

मुसलसल ग़ज़ल : ऊपर यह बात कही जा चुकी है कि आमतौर से ग़ज़ल किसी एक थीम की पैरवी नहीं करती। लेकिन इक्का–दुक्का ग़ज़लें ऐसी होती हैं जिनमें हर शे'र अपनी जगह मुकम्मल तो होता है लेकिन मज़मून या ख़याल का तसलसुल यानी continuity भी क़ायम रहती है। ऐसी ग़ज़ल को मुसलसल ग़ज़ल कहते हैं। मुसलसल ग़ज़ल नज़्म और ग़ज़ल के दरमियान की चीज़ है। इस किताब के सफहा 49 की ग़ज़ल 'तब कहता हूँ शे'र' या सफ़हा 87 की ग़ज़ल 'झूटा मुल्ला पाजी मुल्ला' इसी कैटेगरी में शामिल हैं।

उम्मीद हैं कि ग़ज़ल की बुनियादी बातें समझकर अब आप ख़ुद ग़ज़ल कहने के मूड में आ गये होंगे। ज़रूर कहिएगा मगर पहले हमारी ग़ज़लें तो देख लें!

बात अजब है पूछ रहे हो कैसा लगता है

बात अजब है पूछ रहे हो कैसा लगता है
साथ तुम्हारे हर इक मौसम अच्छा लगता है

एक को उलझा एक को सब कुछ सुलझा लगता है
जिसकी जैसी सोच है उसको वैसा लगता है

हर रस्ते पर आके यारो ऐसा लगता है
यह रस्ता तो सब रस्तों से टेढ़ा लगता है

कुछ लोगों को भूल न पाये पहला पहला इश्क़
कुछ लोगों को इश्क़ हमेशा पहला लगता है

हँसमुख सा वो शोख़ गुलाबी फूल खिला है जो
रंग उसका भी तेरे आगे फीका लगता है

मीलों पीछे जो रस्ते हम छोड़ के आये हैं
शैख़ अभी तक उन रस्तों में उलझा लगता है

सारी गलियाँ छान चुके हैं इस बस्ती की हम
हर इक घर का एक ही जैसा नक्शा लगता है

जो भी इसके पास है वो सब देता रहता है
इस सेहरा का दिल तो हमको दरिया लगता है

वक़्त बहुत ही जल्दी उनको छोटा करता है
जिन लोगों को अपना क़द कुछ ऊँचा लगता है

बातें सबकी तौल रहा हूँ सोच रहा हूँ मैं
कौन पराया कौन यहाँ पर अपना लगता है

कुछ भी 'हिलाल' अब कह लो लेकिन लोग तो कहते हैं
महफ़िल महफ़िल फिरने वाला तन्हा लगता है

7 जून 2012

थी अजब ही दास्ताँ, जब तमाम हो गई

थी अजब ही दास्ताँ, जब तमाम हो गई
इक मिसाल बन गई, इक पयाम हो गई

रात जब जवाँ हुई, जब दियों के सर उठे
तब हवा भी और कुछ तेज़गाम हो गई

एक बस नज़र पड़ी उसके बाद यूँ हुआ
मैंने जो ग़ज़ल लिखी तेरे नाम हो गई

मिट रही थी तिशनगी, बढ़ रही थी दोस्ती
फिर अना की तेग़ क्यों बेनयाम हो गई

फ़लसफ़े को छोड़िए, क्या कहेंगे सोचिए
ज़िन्दगी जो आपसे हम–कलाम हो गई

तंज़ तो बहुत हुए, पर अजीब बात है
राह जो हमारी थी, राहे–आम हो गई

कैसी उम्दा क़ौम थी, क्या ही ज़िन्दा क़ौम थी
आख़िर इसको क्या हुआ क्यों ग़ुलाम हो गई

जाम–ए–इश्क़ पी चुके, ज़िन्दगी भी जी चुके
अब 'हिलाल' घर चलो अब तो शाम हो गई

फरवरी / मार्च 2010

तूफ़ाँ भी है ठहरा हुआ, दर पे दिया रक्खा भी है

तूफ़ाँ भी है ठहरा हुआ, दर पे दिया रक्खा भी है
रस्ता भी है, मौक़ा भी है, देखें कोई आता भी है

क्या क्या सितम, क्या क्या ग़ज़ब, क्या क्या ख़लिश, क्या क्या तलब
अब तक तो हम ज़िन्दा भी हैं, अब तक तो दिल प्यासा भी है

हर इक क़दम भटके भी हम, हर इक क़दम सँभले भी हम
थोड़ा बहुत खोया भी है, थोड़ा बहुत पाया भी है

आये हैं हम जिस देश से क्या कुछ नहीं उस देश में
घुँघरू भी है, गागर भी है, गौरी भी है, गजरा भी है

रुककर कभी सोचा नहीं, अफ़सोस ये समझा नहीं
जो कुछ भी है इस बाग़ में तेरा भी है मेरा भी है

फैले है क्यों दश्तो–दमन, खिलते हैं क्यों बर्गो–समन
सोचो तो सब ज़ाहिर भी है, देखो तो इक पर्दा भी है

मंज़र वही दिलचस्प–तर, होना है क्या अबके मगर
मौजें भी हैं, कश्ती भी है, साहिल भी है दरिया भी है

करके 'हिलाल' उसकी तलब, ये राज़ हम समझे हैं अब
नज़रों से वो छुपता भी है, ढूँढ़ों अगर मिलता भी है

2006

तेरा चेहरा देख रहा हूँ

तेरा चेहरा देख रहा हूँ
फूल को खिलता देख रहा हूँ

(क़ाफ़)

सूरज चढ़ता देख रहा हूँ
चाँद को छुपता देख रहा हूँ
वक़्त को जामिद सोच लिया था
वक़्त बदलता देख रहा हूँ

जल्दी आकर दीप जला दो
घोर अँधेरा देख रहा हूँ

एक अजब बाज़ार लगा है
मैं भी तमाशा देख रहा हूँ

यार तिरे इस शह्र में आकर
देख मैं क्या क्या देख रहा हूँ

मैं ही दरिया मोड़ के लाया
मैं ही प्यासा देख रहा हूँ

(क़ाफ़)

घूम रहा हूँ नगरी नगरी
साँझ सवेरा देख रहा हूँ

काम है मेरा चलते रहना
हर इक रस्ता देख रहा हूँ

देख रहा हूँ दूर उफ़क़ में
डार न डेरा देख रहा हूँ

कब तक मुझसे छुप पाओगे
चप्पा चप्पा देख रहा हूँ

जबसे 'हिलाल' इक इश्क़ किया है
रोज़ करिश्मा देख रहा हूँ

21 दिसम्बर 2011

ये विसाल-ओ-हिज्र का मस्अला तो मेरी समझ में न आ सका

ये विसाल–ओ–हिज्र का मस्अला तो मेरी समझ में न आ सका
कभी कोई मुझको न पा सका कभी मैं किसी को न पा सका

कई बस्तियों को उलट चुका, कोई ताब इसकी न ला सका
मगर आँधियों का ये सिलसिला तेरा नक़्शे पा न मिटा सका

मेरी दास्ताँ भी अजीब है, वो क़दम क़दम मेरे साथ था
जिसे राज़े दिल न बता सका, जिसे दाग़े–दिल न दिखा सका

न ही बिजलियाँ, न ही बारिशें, न ही दुश्मनों की वो साज़िशें
भला क्या सबब है बता ज़रा जो तू आज भी नहीं आ सका

कभी रौशनी की तलब रही, कभी हौसलों की कमी रही
मैं चराग़ को तेरे नाम के न जला सका न बुझा सका

वो जो अक्से–रंगे–हिलाल थी, वो जो आप अपनी मिसाल थी
मुझे आज तक है ख़लिश यही तुझे वो ग़ज़ल न सुना सका

1987

कभी तो सह्ने-अना से निकले, कहीं पे दश्ते-मलाल आया

कभी तो सह्ने–अना से निकले, कहीं पे दश्ते–मलाल आया
हमारी वहशत पे कैसा कैसा उरूज आया ज़वाल आया

अदावतें थीं, मोहब्बतें थीं, न जाने कितनी ही हसरतें थीं
मगर फिर ऐसा हुआ कि सब कुछ मैं ख़ुद ही दिल से निकाल आया

कभी इबादत, कभी इनायत, कभी दुआयें, कभी अताएँ
कहीं पे दस्ते–तलब बने हम, कहीं पे हम तक सवाल आया

गुलों के चेहरे खिले हुए हैं, हवा में खुशबू महक रही है
ये मेरी आँखों ने ख़्वाब देखा कि सैले–हुस्नो–जमाल आया

तमाम रंजो–महन को छोड़ें, तुम्हीं को देखें तुम्हीं को सोचें
बड़े ज़माने के बाद दिल में ये भूला बिसरा ख़याल आया

ग़ज़ल सुनाऊँ तो दाद पाऊँ, मगर मैं तुमसे भी क्या छुपाऊँ
तुम्ही ने सारे हुनर सिखाये तुम्ही से रंगे–हिलाल आया

सितम्बर / अक्टूबर 1987

...कब कहते हो शे'र?

महकें जब अनफ़ास तब कहता हूँ शे'र
तुम होती हो पास तब कहता हूँ शे'र

दिल में भड़के आग, या छिड़ जाये राग
जागे जब एहसास तब कहता हूँ शे'र

छुप न सके जब राज़ और मेरे अल्फ़ाज़
दिल के हों अक्कास तब कहता हूँ शे'र

दिन को पढ़ के नमाज़, शाम को पी के शराब
यास बने जब आस तब कहता हूँ शे'र

प्रीत रचे जब खेल, हो साजन से मेल
बात छिड़े जब ख़ास तब कहता हूँ शे'र

जैसे कोहे–तूर, ऐसा तेरा नूर
पा लूँ अपने हवास तब कहता हूँ शे'र

वो हो बाग़ का फूल या सेहरा की धूल
आये कुछ भी रास तब कहता हूँ शे'र

ठहरो यार 'हिलाल', ठहरो थोड़ी देर
पी लूँ एक गिलास तब कहता हूँ शे'र

मार्च 1987 (मोडिफ़िकेशन 8 मार्च 2011)

इश्क़ में हमने ठोकर खाई क्या तुमको मालूम भी है

इश्क़ में हमने ठोकर खाई क्या तुमको मालूम भी है
ठोकर खाकर धूम मचाई क्या तुमको मालूम भी है

महफ़िल महफ़िल थी तन्हाई क्या तुमको मालूम भी है
कैसे हमने उम्र बिताई क्या तुमको मालूम भी है

शह्र में कैसा जश्न बपा है यह तो है मालूम तुम्हें
लेकिन किसने जान गँवाई क्या तुमको मालूम भी है

जब भी महकी रात की रानी, जब भी निकला पूरा चाँद
क्यों आँखों में नींद न आई क्या तुमको मालूम भी है

जीतने वाला हारेगा और हारने वाला जीतेगा
दुनिया कैसा खेल है भाई क्या तुमको मालूम भी है

तेज़ हवा और तूफ़ानों का कितना कुछ है इल्म तुम्हें
लेकिन किसने शम'अ जलाई क्या तुमको मालूम भी है

कितने मज़े की बात है ये भी अक्सर बैठ के सोचा है
हमने किस पर जान लुटाई क्या तुमको मालूम भी है

ताज़ा ताज़ा रंग में डूबे शे'र सुना के आज 'हिलाल'
कैसी दिलों में आग लगाई क्या तुमको मालूम भी है

2009 के शुरुआत में

सैले-वहम-ओ-गुमाँ नहीं देखा

सैले–वहम–ओ–गुमाँ नहीं देखा
पहले ऐसा धुवाँ नहीं देखा

सब पे करके अयाँ नहीं देखा
वर्ना तुझको कहाँ नहीं देखा

अपने दिल में भी झाँक के देखो
तुमने अब तक वहाँ नहीं देखा

जब पड़ा ग़म तो कौन है जिसने
जानिबे–आसमाँ नहीं देखा

वो हमारी नज़र से बचता है
हमने उसको कहाँ नहीं देखा

इश्क़ की धुन को तुम नहीं समझे
ज़ोरे–आबे–रवाँ नहीं देखा

आप ही तो 'हिलाल' कहते थे
दश्ते–आहो–फ़ुगाँ नहीं देखा

हम ख़ुद भी हुए नादिम जब हर्फ़े-दुआ निकला

हम ख़ुद भी हुए नादिम जब हर्फ़े–दुआ निकला
समझे थे जिसे पत्थर वो शख़्स ख़ुदा निकला

इस दश्त से होकर भी इक सैले–अना निकला
कुछ बर्गे–शजर टूटे कुछ ज़ोरे–हवा निकला

उलझन का सुलझ जाना इक ख़ाम ख़याली थी
जब ग़ौर किया हमने इक पेच नया निकला

ऐ फ़ितरते–सद मा'नी ग़ालिब की ग़ज़ल है तू
जब हुस्न तेरा परखा, पहले से सिवा निकला

हम पास भी जाने से जिस शख़्स के डरते थे
छूकर जो उसे देखा, मिट्टी का बना निकला

फूलों में 'हिलाल' आओ अब रक़्से–ख़िज़ाँ देखें
काँटों के नगर में तो हर बाग़ हरा निकला

27 जून 1984

ठण्डा सागर तेज़ हवा हो ऐसा भी हो सकता है

ठण्डा सागर तेज़ हवा हो ऐसा भी हो सकता है
फिर भी उसका जिस्म जला हो ऐसा भी हो सकता है

मेरी तरह तारों से वहशत उसको भी हो सकती है
वो भी सारी रात जगा हो ऐसा भी हो सकता है

अपने मन का चैन गँवाकर क्यों उसको झूटा समझूँ
वो भी सच ही बोल रहा हो ऐसा भी हो सकता है

जंगल में जब शोर हुआ तब काँटों ही की बात चली
नाज़ुक सा इक फूल खिला हो ऐसा भी हो सकता है

जो अक्सर इस शह्र में आकर नग़्मे बाँटा करता था
वो भी थककर टूट चुका हो ऐसा भी हो सकता है

आँसू बस इक जान के जिसको तुम सागर में फेंक चले
सीप के दिल में जा बैठा हो ऐसा भी हो सकता है

मीठे मीठे लिक्खे तुम ने याद में जिसकी गीत 'हिलाल'
वो भी तुमको सोच रहा हो ऐसा भी हो सकता है

दिसम्बर 1982

बादल जो कभी सर पे पल भर को घना देखा

बादल जो कभी सर पे पल भर को घना देखा
सूरज का तो कहना क्या साये को ख़फ़ा देखा

इक शोख़ सितमगर को पाबन्दे–वफा देखा
जैसे कि महल कोई पानी पे खड़ा देखा

दम भर जो मिली फ़ुर्सत, शीशा जो ज़रा देखा
ख़ुद अपना लहू हमने होंटों पे लगा देखा

उस शह्र के शोलों को अब कौन बुझाएगा
जिस शह्र में हर इक ने अपने को ख़ुदा देखा

ये कैसा ज़माना है सच बोलने वालों ने
शानों की जगह सर को नेज़ों पे सजा देखा

कुछ दिल का कहें क़िस्सा लोगों का तक़ाजा था
सो हमने भी इक दरिया आँखों से बहा देखा

सब नक़्श मिटे लेकिन, यह बात भी सच्ची है
इक नाम उभर आया जब फूल खिला देखा

है कुछ तो 'हिलाल' उसके लहजे में फ़ुसूँकारी
कुछ देर तो हमने भी महशर सा उठा देखा

21 अप्रैल 1984

चोट खाकर सँभल गया होगा

चोट खाकर सँभल गया होगा
दिल तो दिल है बहल गया होगा

मंज़िलें राह तक रही होंगी
कोई आगे निकल गया होगा

ज़र्द मौसम उजाड़ शाख़ें हैं
वक़्त करवट बदल गया होगा

गर्म ताज़ा लहू के छींटों से
आज पत्थर पिघल गया होगा

जब तलक हम पलट के देखेंगे
इक नया तीर चल गया होगा

लोग तब ही मदद को आयेंगे
जबकि ख़तरा भी टल गया होगा

हुई मुद्दत उसे नहीं देखा
वो कहीं आजकल गया होगा

फिर से मंज़र धुआँ धुआँ सा है
फिर कोई शहृ जल गया होगा

पहले जैसा नहीं रहा कुछ भी
तू भी शायद बदल गया होगा

फिर सुना कर 'हिलाल' अपनी ग़ज़ल
मूँग सीनों पे दल गया होगा

29 मार्च 1985

दिल का लगाना जुर्म यहाँ पर ओर बेज़ारी मुश्किल है

दिल का लगाना जुर्म यहाँ पर ओर बेज़ारी मुश्किल है
इस बस्ती में शाम बिताना कितनी भारी मुश्किल है

फ़स्ले–बहाराँ आने तक हम होश की बातें सुनते हैं
अब तुम हमसे कुछ भी न कहना अब हुशियारी मुश्किल है

सबसे जुदा है अपना क़िस्सा अपनी राह पे चलते हैं
कार–ए–जुनूँ है आसाँ हमको दुनियादारी मुश्किल है

तुम भी परेशाँ हम भी हैराँ फ़र्क़ अगर है इतना है
हुस्न तुम्हारी दुश्वारी और इश्क़ हमारी मुश्किल है

धन दौलत की बात ही क्या है जान भी देनी पड़ती है
दिल वाले बाज़ार में प्यारे साहूकारी मुश्किल है

सर पे तुर्रा बाँध के फिरना कोई बड़ी तो बात नहीं
बात हो सर को कटवाने की तब सरदारी मुश्किल है

बाग़ में हमने उम्र बितायी हमसे भी तो पूछो तुम
जंगल उगने में है मुश्किल या गुलज़ारी मुश्किल है

यूँ तो नज़्में ग़ज़लें कहना कोई अनोखी बात नहीं
शे'र 'हिलाल' के जैसे निकलें ये फ़नकारी मुश्किल है

अप्रैल / मई 1990, (नये शेर 23 अप्रैल 2011)

आग अन्दर भड़क रही होगी

आग अन्दर भड़क रही होगी
और बाहर घटा खड़ी होगी

फिर गुमाँ ने कमर कसी होगी
जबकि उम्मीद बन चली होगी

जब हवा तैश में मुड़ी होगी
पूरी बस्ती उलट गयी होगी

ख़ौफ़ क़दमों को रोकता होगा
ज़िन्दगी राह तक रही होगी

कौन इस दश्त में सदा देगा
नब्ज़ यूँही धड़क उठी होगी

जिसको देखो बुझा बुझा सा है
इस नगर में कोई कमी होगी

क्या करेगा वो फूल सा चेहरा
शाम ही जब थकी थकी होगी

कुछ न बोलो 'हिलाल' साहब से
रात जगते हुए कटी होगी

1982–83?

सर्व-क़ामत शोख़ चेहरा बन गया

सर्व–क़ामत शोख़ चेहरा बन गया
नक़्श फिर इक तेरे जैसा बन गया

वक़्त की इस बेरुख़ी को क्या करें
सहने–गुल भी दश्ते–तन्हा बन गया

थी जो दिल में वो तमन्ना मिट गयी
इक समन्दर था जो सहरा बन गया

फूल पर ख़ुश्बू की आमदराज़ थी
जब हवा बिखरी तो क़िस्सा बन गया

कुछ लकीरों पर दिवारें खिंच गयीं
यानी अपने घर का नक़्शा बन गया

आज क्यों आँखों में आँसू आ गये
ख़ुश्कियों में कैसे दरिया बन गया

ग़म के ताइर फिर चले आये 'हिलाल'
दिल हमारा फिर बसेरा बन गया

जनवरी 1987 (मोडिफिकेशन 6 मार्च 2011)

रंग में अब बरसात नहीं है

रंग में अब बरसात नहीं है
हाथ में तेरा हाथ नहीं है

इश्क़ में जीना, इश्क़ में मरना
अब वो तर्ज़े–हयात नहीं है

शोख़ नज़र के तीर से बचना
अपने तो बस की बात नहीं है

जबसे तुझपर आँख है ठहरी
कुछ भी दिल को सबात नहीं है

इश्क़ की बाज़ी हार के आना
जीत है प्यारे मात नहीं है

हिज्र की शब ये कैसा दिलासा?
'फ़िक्र की कोई बात नहीं है'

सब दीवारें तोड़ गिराऊँ
तू ही लेकिन साथ नहीं है

बात तुम्हारी दिल क्यों माने
फूलों की सौग़ात नहीं है

धीरे धीरे दिन निकलेगा
रुकने वाली रात नहीं है

यार 'हिलाल' अब मान भी जाओ
उसकी नफ़ी इस्बात नहीं है

27 मार्च 1987 (मोडिफिकेशन
10 मार्च 2011)

पेच-ओ-ख़म का राह के क्यों भला शिकवा करें

पेच–ओ–ख़म का राह के क्यों भला शिकवा करें
तुम अगर मिल जाओ जब हम तुम्हें ढूँढ़ा करें

धूप फिर से तेज़ है फिर चलो साया करें
यानी सब कुछ भूल कर याद वो चेहरा करें

इक ज़रा सी बात पर किस लिए झगड़ा करें
तुम चले जाया करो लाख हम रोका करें

तब नहीं जैसा किया, अब चलो वैसा करें
सब झमेले छोड़कर इश्क़ का सौदा करें

पहली जैसी आज भी इक तमन्ना दिल में है
लौट कर आओ कभी तो उसे पूरा करें

ख़ुश्कियाँ हैं, ख़ार और संग भी हैं हर तरफ़
क्यों न मिलकर हम इसी दश्त को दरिया करें

इसलिए दीवार पर फिर सजाए हैं चराग़
बेबसी के वक़्त भी शोख़ियाँ देखा करें

कैसा अच्छा ख़्वाब है आज आँखों में 'हिलाल'
तुम ग़ज़ल सुनते रहो, हम ग़ज़ल छेड़ा करें

अप्रैल 1987 (मोडिफ़िकेशन 19 मार्च 2011)

कभी अब्रे-रहमो-करम बना, कभी महवे-जोरो-सितम मिला

कभी अब्रे–रहमो–करम बना, कभी महवे–जोरो–सितम मिला
तेरी कज–अदाई को हम मिले, हमें तेरे जैसा सनम मिला

ये सितम–ज़रीफ़ी है वक़्त की कि दिखायीं हमने ही मंज़िलें
तुझे मिल गये तेरे रास्ते, हमें रास्तों का भरम मिला

हुआ अह्दे–तर्के–वफ़ा ग़लत वो मिला तो इतना भला लगा
मिटीं दिल से सारी शिकायतें नये हौसलों को जनम मिला

कभी तुम जो मिलने को आये तो तुम्हें सारा क़िस्सा सुनाएँगे
कहाँ हँस दिये कहाँ ख़ुश हुए, कहाँ हमको रंजो–अलम मिला

सभी मस्अले किये हल मगर, यही मस्अला है अजीब–तर
नहीं रहमतों में कमी अगर तो ये क्यों हुआ हमें कम मिला

कहें क्या 'हिलाल' कि आपका है अजब तरीक़ा–ए–ज़िन्दगी
जहाँ ख़ुश हुए वहाँ चुप रहे, वहाँ हँस दिये जहाँ ग़म मिला

जुलाई 1987

तर्ज़े-सितम कुछ और है, रस्मे वफ़ा कुछ और है

तर्ज़े–सितम कुछ और है, रस्मे वफ़ा कुछ और है
अबके हमारे शह्र की आबो–हवा कुछ और है

मेरी जज़ा नहीं कोई, मेरी सज़ा कुछ और है
उनको पसन्द और कुछ, मैंने कहा कुछ और है

दारो–रसन की ख़ैर हो, अबके चमन की ख़ैर हो
मेरा जुनूँ कुछ और है, उसकी अदा कुछ और है

तुमसे गिला नहीं मगर अपनी नज़र का क्या करूँ
तुमने जिसे ख़ुदा कहा, मुझको लगा कुछ और है

चाहे क़ुसूर एक हो लेकिन निगाहे–यार में
सबकी सज़ा कुछ और है मेरी सज़ा कुछ और है

कितने नये ये मरहले, कितनी नयी ये साज़िशें
दिल की तलब कुछ और है लब पर दुआ कुछ और है

इतना भी अब मलाल क्यों, करते हो ग़म 'हिलाल' क्यों
अर्ज़े–हुनर है और कुछ उसका सिला कुछ और है

जनवरी 1988

इनको जुनूँ से क्या मतलब और इनके लिए वीराना क्या

इनको जुनूँ से क्या मतलब और इनके लिए वीराना क्या
सोच समझ की नगरी वाले जानें मौज़ उड़ाना क्या

जुर्म सज़ा और लुत्फ़ो–इनायत वक़्त मुक़ाम ठिकाना क्या
जहाँ कहो हम धूम मचा दें मस्जिद क्या मैख़ाना क्या

सैले–बला और बादे–मुख़ालिफ़, इन बातों में आना क्या
जो होगा सो देखेंगे अब डरना क्या घबराना क्या

ख़ुश हो अगर तो रक़्स करो जब रंज मिले तब मौन धरो
दिल का हाल छुपाना क्या और झूठा रंग दिखाना क्या

अह्दे वफ़ा और दस्ते सितम वो वस्ल का सुख वो हिज्र का ग़म
ज़ख़्म जो हमने ढाँक रखे थे खोल गया दीवाना क्या

सौम–सलात और सज्दे भी और इश्व–अदा और गेसू भी
राहे–जुनूँ में सब ही कुछ है काबा क्या बुतख़ांना क्या

बात समझ में आ जायेगी पहले ठीक से डूबो तुम
इश्क़ का दरिया मिल जाये तो जीना क्या मर जाना क्या

कैसे कैसे ढोंग रचाओ और ग़ज़ल बस एक पढ़ो!
भाव 'हिलाल' दिखाना क्या अब इतना भी इतराना क्या

अक्टूबर 1989 (मोडिफ़िकेशन 21 अप्रैल 2011)

आँखों में वो ख़्वाब नहीं बसते, पहला सा वो हाल नहीं होता

आँखों में वो ख़्वाब नहीं बसते, पहला सा वो हाल नहीं होता
अब फ़स्ले–बहार नहीं आती और रंजो–मलाल नहीं होता

इस अक़्ल की मारी नगरी में कभी पानी आग नहीं बनता
यहाँ इश्क़ भी लोग नहीं करते, यहाँ कोई कमाल नहीं होता

हम आज बहुत ही परेशाँ हैं इस वक़्त के फेर से हैराँ हैं
हमें लेके चलो किसी ऐसी तरफ़ जहाँ हिज्रो–विसाल नहीं होता

जितनी है नदामत तुमको अब उतने ही पशेमाँ हम भी हैं
तुम उसका जवाब ही क्यों सोचो हमसे जो सवाल नहीं होता

वो बस्ती भी इक बस्ती थी, ये बस्ती भी इक बस्ती है
वहाँ टूट के दिल जुड़ जाते थे, यहाँ कोई ख़याल नहीं होता

इस शह्र की रीत को आम करें झुक झुक के सभी को सलाम करें
हर काम तो हम कर लेते हैं यही काम 'हिलाल' नहीं होता

फ़रवरी 1989

** 24 अप्रैल 2011*

गुनाह कोई करे तो सवाब होता है

गुनाह कोई करे तो सवाब होता है
हमारे शह्र में अब यूँ हिसाब होता है

उन्हीं को मिलता है ईनाम जब भी मिलता है
हमीं पे होता है जब भी इताब होता है

यह देखना है कि दरिया में कूदने वाला
निकल के आता है या ग़र्क़े–आब होता है

मेरे बयाँ में कोई नाम तो नहीं आया
किसी का चेहरा मगर क्यों गुलाब होता है

हमारे घर में अभी इक चिराग़ बाक़ी है
इसीलिए तो हमें इज़्तेराब होता है

हमारे शौक़ में कोई कमी रही होगी
वगरना इश्क़ तो बस कामयाब होता है

'हिलाल' शिकवए–ग़म उस से क्यों नहीं करते
ग़ज़ल में जिससे तुम्हारा ख़िताब होता है

अप्रैल 1989

रास्ता देर तक सोचता रह गया

रास्ता देर तक सोचता रह गया
जाने वाले का क्यों नक़्शे–पा रह गया

आज फिर दब गयीं दर्द की सिसकियाँ
आज फिर गूँजता क़हक़हा रह गया

अब हवा से शजर कर रहा है गिला
एक गुल शाख़ पर क्यों बचा रह गया

झूट कहने लगा, सच से बचने लगा
हौसले मिट गये तजर्बा रह गया

हँसते गाते हुए लफ़्ज़ सब मिट गये
आँसुओं से लिखा हाशिया रह गया

वक़्त की धार में बह गया सब मगर
नाम दीवार पर इक लिखा रह गया

उसके दम से कहे शे'र मैंने 'हिलाल'
फूल इस धूप में जो खिला रह गया

फ़रवरी 1986

हर एक रास्ते पे वही माजरा लगा

हर एक रास्ते पे वही माजरा लगा
देखा जो कोई नक़्श तेरा नक़्शे–पा लगा

अब तक तो कुछ सुराग़ न इस राज़ का लगा
क्यों इस क़दर वो शख़्स हमें आशना लगा

हमको कहाँ किसी का कोई आसरा लगा
दुनिया की ऊँच नीच का ख़ुद ही पता लगा

काँटों के बीच रह के गुज़ारी जो ज़िन्दगी
फूलों के दरमयान ज़रा ख़ौफ़ सा लगा

ऐसी थी कुछ लगन हमें ऐसा था कुछ जुनूँ
जो रास्ता दिखा वो तेरा रास्ता लगा

फिर यूँ हुआ कि तुझसे भी वहशत सी हो गयी
फिर यूँ हुआ कि अपना भी चेहरा बुरा लगा

क्यों आप ज़िक्रे इश्क़ से बचने लगे हिलाल
क्या कोई तीर आज निशाने पे जा लगा

नवम्बर 1986 (मोडिफ़िकेशन 6 मार्च 2011)

जुस्तुजू पूरी हुई काबा न बुतख़ाना मिला

जुस्तुजू पूरी हुई काबा न बुतख़ाना मिला
इश्क़ को वुस्अत मिली आशिक़ को वीराना मिला

तू अगर बदला नहीं फिर क्यों हिजाबाना मिला
मैं तो तुझसे जब मिला बे–इख़्तियाराना मिला

जिसका जैसा फ़े'ल था वैसा ही नज़राना मिला
शैख़ को ख़ौफ़े–क़यामत, हम को पैमाना मिला

बज़्मे–याराँ में जो पहुँचे क्या बताएँ आपको
किस को मस्तानों में पाया कौन बेगाना मिला

हसरतें बढ़ती रहीं हम रास्ता चलते रहे
पहले सहरा फिर समन्दर फिर सनमख़ाना मिला

लफ़्ज़ की ख़ुशरंग चादर जब हटाई तब 'हिलाल'
आप के अश्आर में इक शोख़ अफ़साना मिला

1991, सऊदी अरब

ये इश्क़ का है रस्ता इस पर जो आ के निकलो

ये इश्क़ का है रस्ता इस पर जो आ के निकलो
नींदें उड़ा के निकलो, सब कुछ लुटा के निकलो

पीने का फिर मज़ा क्या गर छुपछुपा के निकलो
जब मैकदे से निकलो धूमें मचा के निकलो

अब ज़र्फ़ है तुम्हारा जब मात खा के निकलो
आँसू बहा के निकलो या मुस्कुरा के निकलो

मुश्किल जो आ पड़े तो ख़्वाबों को ताज़ा कर लो
दुनिया की ज़ुल्मतों में शमएँ जला के निकलो

तौक़ीरो–क़द्रो–क़ीमत, होशो–हवासो–हिकमत
जब उस गली से निकलो सब कुछ भुला के निकलो

बीते हुए दिनों का थोड़ा ख़याल रख लो
ऐसे न यार हमसे नज़रें चुरा के निकलो

है फ़िक्र की ये वुस्अत, है इश्क़ की यह अज़्मत
जो ग़ैर हैं उन्हें भी अपना बना के निकलो

मस्जिद तो आ गये हो यारों की दोस्ती में
जल्दी 'हिलाल' साहब ईमाँ बचा के निकलो

अप्रैल 1992 (मोडिफ़िकेशन 7 मई 2011)

मस्जिद है इधर, काबा है उधर, सच ही तो कहा परदेस है ये

मस्जिद है इधर, काबा है उधर, सच ही तो कहा परदेस है ये
जाते हैं यहाँ मयख़्वार कहाँ, किस को है पता परदेस है ये

मत ढूँढ़ यहाँ गुलफ़ाम शफ़क़ मदहोश फ़िज़ा परदेस है ये
अब भूल भी जा वो क़िस्सए–दिल वो शोख़ अदा परदेस है ये

आदाब अलग और ग़ैर ज़ुबाँ फिर इश्क़ को समझे कौन यहाँ
ऐ जोशे जुनूँ ऐसे न मचल कुछ सोच ज़रा परदेस है ये

ये सुर्ख़ लहू के कैसे निशाँ, इस शह्र का आख़िर नाम है क्या
घबरा के कभी पूछें भी अगर कहती है हवा परदेस है ये

कुछ देर यहाँ भी सोये थे हम, एक ख़्वाब नगर में खोये थे हम
ढूँढ़े जो तिरे क़दमों के निशाँ तब जाके खुला परदेस है ये

हर शाम 'हिलाल' आती है सदा बिन बात न अपनी जान गँवा
ज़िद आज न कर, घर लौट के चल, अब मान भी जा परदेस है ये

1991, सऊदी अरब

था शोर बहुत दस्ते-सितमगर नज़र आया

था शोर बहुत दस्ते–सितमगर नज़र आया
देखा तो उसी शोख़ का पैकर नज़र आया

गुल ही नज़र आये न समनबर नज़र आया
अन्दर जो ख़िला था वही बाहर नज़र आया

मंज़र का घड़ी भर में बदलना भी अजब था
सहरा से जो निकले तो समन्दर नज़र आया

फिर आज किसी फूल को खिलते हुए देखा
फिर आज किसी हाथ में ख़ंजर नज़र आया

आँखों को उसी ख़्वाब से रखना था बचाकर
आँखों को वही ख़्वाब तो अक्सर नज़र आया

देखो तो कमाल उसका कि नज़रों की हदों से
बाहर भी रहा और बराबर नज़र आया

तारीफ़ 'हिलाल' उनकी भी करना है ज़रूरी
हर ऐब जिन्हें मेरे ही अन्दर नज़र आया

1990 (मोडिफ़िकेशन 22 अप्रैल 2011)

जाने कैसा हो गया हूँ अब पहले ऐसा मैं नहीं था

जाने कैसा हो गया हूँ अब पहले ऐसा मैं नहीं था
रंज के लम्हे अक्सर आते लेकिन रोता मैं नहीं था

सारे आलम से कहते हो बात का सच्चा मैं नहीं था
तुम जैसों पर जान लुटाई तुमको समझा मैं नहीं था

जो भी मुझ तक आया उसको मंज़िल तक पहुँचाया है
राही को भटकाने वाला वहशी रस्ता मैं नहीं था

परदेस में भी मिरे लहजे से बूए–वतन ही आती है
झूठी जगमग रंग चढ़ा दे इतना हल्का मैं नहीं था

अहले ख़िरद भी देख चुके हैं अहले जुनूँ भी देख चुके
सारा ज़माना रोक रहा हो फिर भी रुकता मैं नहीं था

मैंने 'हिलाल' इस सहरा में भी पहले जैसे शे'र लिखे
पानी जिसका धूप सुखा दे ऐसा दरिया मैं नहीं था

नवम्बर–दिसम्बर 1994

हर हसीन चेहरे से इसलिए ही रग़बत है

हर हसीन चेहरे से इसलिए ही रग़बत है
हर हसीन चेहरे में आपकी शबाहत है

कुछ हवस जज़ा की और कुछ सज़ा की हैबत है
शैख़ की इबादत भी क्या कोई इबादत है

ज़ख़्म को छुपाते हैं, आपको नहीं मालूम
ज़ख़्म का छुपाना तो इश्क़ की अलामत है

कितनी मुद्दतें गुज़रीं कितनी आँधियाँ लौटीं
दिल का नर्म गोशा तो आज भी सलामत है

जिस तरफ़ को जाते हो उस तरफ़ रखा क्या है
इस तरफ़ ही लौटोगे, इस तरफ़ मोहब्बत है

तब हमारी आँखों ने एक ख़्वाब देखा था
अब यहाँ पे जो कुछ है उसकी ही बदौलत है

हाल और क्या कहते, कह दिया 'हिलाल' उनसे
'आप का करम है सब आपकी इनायत है'

फ़रवरी 1987 के आख़िर में (मोडिफ़िकेशन 7 मार्च 2011)

तेरे जहान को रंगीं बनाते रहते हैं

तेरे जहान को रंगीं बनाते रहते हैं
ग़मों के बीच भी हम मुस्कुराते रहते हैं

कभी किया था जो वादा निभाते रहते हैं
अँधेरी रात में शम्में जलाते रहते हैं

जो अहले ज़र हैं वो दौलत पे जान देते हैं
जो अहले दिल हैं वो उसको लुटाते रहते हैं

हमें ख़बर है कि हम इक चराग़ की मानिन्द
कभी सँभलते कभी डगमगाते रहते हैं

ज़मीने–दिल पे बहाते हैं ख़्वाब का दरिया
हज़ार रंग की फ़सलें उगाते रहते हैं

बहुत 'हिलाल फ़रीद' आपको मुबारक हो
वो इश्क़ जिसकी कहानी सुनाते रहते हैं

अगस्त 1996

इश्क़ के सहारे जब ज़िन्दगी बसर होगी

इश्क़ के सहारे जब ज़िन्दगी बसर होगी
जिस तरफ़ नज़र होगी रौशनी उधर होगी

ज़ुल्मतों के आलम में फ़िक्र रात भर होगी
चाँद किस तरफ़ होगा चाँदनी किधर होगी

शौक़ जब सिवा होगा, जो भी रहगुज़र होगी
चाहे कितनी लम्बी हो फिर भी मुख़्तसर होगी

दह्र भी हमीं से है, दीन भी हमीं से है
मयकशी इधर होगी, मग़फ़िरत उधर होगी

मैकदे के रस्ते में मस्जिदें भी पड़ती हैं
पूछो शैख़ साहब से उनको सब ख़बर होगी

ख़ूब हम समझते हैं वक़्त के तक़ाज़ों को
दोस्तों से पहली सी दोस्ती मगर होगी

ये ख़बर नहीं तुमको इश्क़ के फ़साने में
आगही उधर होगी, बेख़ुदी जिधर होगी

जब सफ़र की ठानी है फिर 'हिलाल' क्यों सोचें
कैसे हमसफ़र होंगे, कैसी रहगुज़र होगी

1996 / 2000? (मोडिफ़िकेशन 14 मई 2011)

जिस का न था गुमान भला कैसे हो गया

जिस का न था गुमान भला कैसे हो गया
मेरा ही साया मुझसे जुदा कैसे हो गया

दस्तूर तेरे शह्र के कैसे बदल गये
था जो गुनाह अब वो रवा कैसे हो गया

मौक़ा बहार का था ख़िजाँ कैसे आ गयी
तू जो मिला तो ज़ख़्म हरा कैसे हो गया

अफ़सोस तो यही है समझ क्यों न पाये लोग
ज़ालिम का हाथ दस्ते–शिफ़ा कैसे हो गया

रहमान और रहीम तेरे नाम हैं अगर
जो कुछ हुआ वो मेरे ख़ुदा कैसे हो गया

कहता था सारे रास्ते चलना है साथ साथ
हैरान हूँ वो शख़्स जुदा कैसे हो गया

दुनिया के सब चराग़ क्या मेरे ही घर में हैं
ये एक सिम्त ज़ोरे–हवा कैसे हो गया

इतना तो है 'हिलाल' कि शे'रों में कह दिया
जो कुछ हमारा हाल हुआ कैसे हो गया

अक्टूबर / नवम्बर 2003

यार ये ख़िरद वाले बेसबब ही डरते हैं

यार ये ख़िरद वाले बेसबब ही डरते हैं
सोच भी नहीं पाते हम जो कर गुज़रते हैं

नक़्श बनके आँखों में ख़्वाब जब सँवरते हैं
आसमाँ से काग़ज़ पर शे'र तब उतरते हैं

इश्क़ करने वालों की बात ही निराली है
मुश्किलों के मौसम में और भी निखरते हैं

क्या अजब तमाशा है माजरा नसीबों का
इक घड़ी सँवरते हैं इक घड़ी बिखरते हैं

कुछ चराग़ हैं ऐसे, गुल कभी नहीं होते
इस तरफ़ अगर डूबें उस तरफ़ उभरते हैं

ये हिलाल साहब तो ख़ाक भी नहीं बदले
तब भी इश्क़ करते थे अब भी इश्क़ करते हैं

1996 / 2000?

मुन्कशिफ़ सबपे अपना हाल हुआ

मुन्कशिफ़ सबपे अपना हाल हुआ
सोच कर किस क़दर मलाल हुआ

क्या कहोगे अगर सवाल हुआ
क्यों उरूज और क्यों ज़वाल हुआ

कुछ हुआ या न इन्देमाल हुआ
तेरा मिलना मगर कमाल हुआ

जो भी थे सब चराग़ डूब गये
जलवागर जब तेरा जमाल हुआ

क्या सबब था जो दिल बहुत ख़ुश था
क्या सबब है जो अब निढाल हुआ

वो भी अपने ही यार थे यारो
जिनसे मिलना भी अब मुहाल हुआ

ज़िन्दगी किस ख़याल से बदली
क्या कभी आपको ख़याल हुआ

हर कहानी इसी पे ज़िन्दा है
कब हुआ हिज्र कब विसाल हुआ

नाम भर का नहीं हुआ हम को
जब हुआ इश्क़ बेमिसाल हुआ

अब करो नाज़ या मलाल करो
जो भी होना था वो 'हिलाल' हुआ

जून 2001, मोडिफ़िकेशन 18 मई 2011

दिल लुभाती रही दिलरुबा हो गयी

दिल लुभाती रही दिलरुबा हो गयी
और फिर ज़िन्दगी बेवफ़ा हो गयी

वो नज़र मेहरबाँ जब ज़रा हो गयी
जो भी दीवार थी रास्ता हो गयी

शादमाँ शादमाँ लग रहे हैं बहुत
क्या क़ुबूल आपकी कुछ दुआ हो गयी

ख़ार भी हैं ख़फ़ा गुल भी नाराज़ हैं
हमने क्या कह दिया, क्या ख़ता हो गयी

इतना सोचा किये, ऐसे देखा किये
हर नज़र इक नया ज़ाविया हो गयी

हर्फ़ सजते रहे, लफ़्ज़ निखरा किये
दास्ताँ दर्द का माजरा हो गयी

हर घड़ी था हमें जिसके होने का डर
वो ख़ता हमसे बस जाबजा हो गयी

इश्क़ की तुम 'हिलाल' इब्तिदा कर चले
क्या करोगे अगर इन्तिहा हो गयी

14 अगस्त 2009

पेशनगोई-एक मुसलसल ग़ज़ल

जाते जाते उसने कहा था दौलत ख़ूब कमाओगे
लेकिन इतना याद रहे तुम तरसोगे पछताओगे

साथी कोई साथ न होगा ख़ुद को तन्हा पाओगे
हर इक चेहरा याद आयेगा यादों से घबराओगे

हँसती हुई तस्वीर खिंचाकर दुनिया भर को दिखाओगे
क्या क्या नाटक खेलोगे तुम क्या क्या ढोंग रचाओगे

जीवन की जब सुलझी सुलझी डोर उलझती जायेगी
किस से बात करोगे आकर किसको राज़ बताओगे

तुमने कभी ये सोचा भी है रोज़ की भागादौड़ी में
कब तक ख़ून करोगे अपना कब तक जान गँवाओगे

धीरे धीरे पैर की बेड़ी और कड़ी हो जायेगी
चाहो भी जो लौट चलो तो लौट नहीं तुम पाओगे

जाते हो तो जाओ लेकिन ठैर न जाना जा के हिलाल
वरना ऐसा रंग चढ़ेगा परदेसी हो जाओगे

9 मार्च 2014

सब कुछ खोकर मौज उड़ाना इश्क़ में सीखा

सब कुछ खोकर मौज उड़ाना इश्क़ में सीखा
हमने क्या क्या तीर चलाना इश्क़ में सीखा

रीत के आगे प्रीत निभाना इश्क़ में सीखा
साधू बनकर मस्जिद जाना इश्क़ में सीखा

इश्क़ का जादू क्या होता है हम से पूछो
धूल में मिलकर फूल खिलाना इश्क़ में सीखा

इश्क़ से पहले तेज़ हवा का ख़ौफ़ बहुत था
तेज़ हवा में हँसना गाना इश्क़ में सीखा

हर इक सरहद फाँद चुका था सरकश दरिया
उस दरिया को मोड़के लाना इश्क़ में सीखा

इश्क़ किया तो ज़ुल्म हुआ, और ज़ुल्म हुआ जब
ज़ुल्म के आगे सर न झुकाना इश्क़ में सीखा

अपने दुख में रोना धोना आप ही आया
ग़ैर के दुख में ख़ुद को दुखाना इश्क़ में सीखा

कुछ भी 'हिलाल' अब डींगें मारो लेकिन तुमने
महफ़िल महफ़िल धूम मचाना इश्क़ में सीखा

18 जुलाई 2010

दश्ते-मुसलसल बादे-मुखालिफ़ रात बहुत ही काली थी

दश्ते–मुसलसल बादे–मुख़ालिफ़ रात बहुत ही काली थी
वो तो कहो ये शुक्र है हमने इश्क़ की शम्मा जला ली थी

गुल भी खिले थे तुम भी मिले थे शाम बड़ी मतवाली थी
आँखों ने इक ख़्वाब था देखा दिल ने आस लगा ली थी

इश्क़ो–जुनूँ के दौर से पहले, चार तरफ़ बस सहरा था
रंग बिरंगे फूल नहीं थे और न ये हरियाली थी

बादल लौटे, सावन लौटा, लौट के सब ही आये फिर
वो निरमोही क्यों नहीं आया जिसने नींद चुरा ली थी

तुम भी हमारे साथ चलोगे साथ चलेगी दुनिया भी
कैसे कैसे ख़्वाब थे दिल में क्या क्या ख़ाम ख़याली थी

हम क्यों आते लन्दन वन्दन हम तो अलीगढ़वासी थे
क़िस्मत लेकिन हमको यहाँ पर लेके आने वाली थी

मुद्दत बाद 'हिलाल' मिले थे, कौन कहेगा कुछ बदले
रूप वही था रंग वही था और वही बेहाली थी

2000

मुमकिन ही नहीं है कि किनारा भी करेगा

मुमकिन ही नहीं है कि किनारा भी करेगा
आशिक़ है तो फिर इश्क़ दुबारा भी करेगा

परदेस में आया हूँ तो कुछ मैं भी करूँगा
कुछ काम मेरे बख़्त का तारा भी करेगा

अन्दाज़ यही है यही अतवार हैं उसके
बैठेगा बहुत दूर इशारा भी करेगा

रोयेगा कभी ख़ूब कभी ख़ूब हँसेगा
क्या और तेरे तीर का मारा भी करेगा

जब वक़्त पड़ा था तो जो कुछ हमने किया था
समझे थे वही यार हमारा भी करेगा

शे'रों में 'हिलाल' आपको कहना है फ़क़त सच
सच बात मगर कोई गवारा भी करेगा

1996–1998

झूठा मुल्ला पाजी मुल्ला

एक मुसलसल ग़ज़ल

(ये तस्लीम करता हूँ कि हर मौलवी झूठा नहीं होता। इन अश्आर में इशारा उन हज़रात की तरफ़ है जो मासूम लोगों के मज़हबी और रूहानी अक़ाइद को Exploit करके अपना उल्लू सीधा करते हैं। अफ़सोस कि हमारे दौर के बेश्तर (मेरी दानिस्त में क़रीबन नब्बे फ़ीसदी) मज़हबी रहनुमाओं का यही हाल है)

इल्म का कैसा ढोंग रचाये झूठा मुल्ला पाजी मुल्ला
फ़तवे देकर आग लगाये झूठा मुल्ला पाजी मुल्ला

मासूमों पे रौब जमाये झूठा मुल्ला पाजी मुल्ला
अल्लाह का कुछ ख़ौफ़ न खाये झूठा मुल्ला पाजी मुल्ला

दिन को काली रात बताये झूठा मुल्ला पाजी मुल्ला
हर इक दिल में वहम बिठाये झूठा मुल्ला पाजी मुल्ला

चुन चुनकर कुछ सतरें पढ़कर, उल्टे सीधे क़िस्से गढ़कर
दुनिया भर को नाच नचाये झूठा मुल्ला पाजी मुल्ला

सोची समझी इसकी डगर है, कम–उम्रों पर ख़ास नज़र है
दाम में उनको अपने फँसाये झूठा मुल्ला पाजी मुल्ला

काम में अपने तेज़ बहुत है, यानी शर–अंगेज़ बहुत है
रोज़ नया इक जाल बिछाये झूठा मुल्ला पाजी मुल्ला

औरत को तो परदा कराये, ख़ुद लड़कों से इश्क़ लड़ाये
उस पे निय्यत साफ़ बताये झूठा मुल्ला पाजी मुल्ला

अब जो हमसे जंग छिड़ी है इसको 'हिलाल' इक फ़िक्र लगी है
कैसे अपना कुफ़्र छिपाये झूठा मुल्ला पाजी मुल्ला

मार्च 2010

आज न हमसे पूछिए कैसा कमाल हो गया

आज न हमसे पूछिए कैसा कमाल हो गया
हिज्र के ख़ौंफ में रहे और विसाल हो गया

अच्छा भला था आदमी, साहिबे–माल हो गया
जीना मुहाल हो गया, मरना मुहाल हो गया

चेहरा जो था वो फूल था, सोना भी जैसे धूल था
दो ही घड़ी में ख़त्म सब मालो–मनाल हो गया

छलके हुए अयाग़ थे, भड़के हुए चराग़ थे
फिर भी ग़ज़ल न हो सकी, दिल ही निढाल हो गया

शह्र के सारे मौलवी दाढ़ी मुंडा के आगये
यानी हमारे शह्र का नक़्शा बहाल हो गया

होगी फ़िज़ा ही और कुछ, तुझसे वफ़ा ही और कुछ
रहमो–करम अगर तेरा रब्बे–जलाल हो गया

नज़रें हमारी मुद्दतों उससे न एक पल हटीं
अब तो मगर वो नक़्श ही ख़्वाबो–ख़याल हो गया

अक़्ल का नुस्ख़ा लाये थे, इल्म पढ़ाने आये थे
कुछ न जवाब दे सके ऐसा सवाल हो गया

वक़्त न अब गँवाइए, रस्ते नये बनाइए
जो भी यहाँ पे होना था, वो तो 'हिलाल' हो गया

18 अगस्त 2010

इस बार फिर अपनी आँखों में दाख़िल जो ख़्वाब किया हमने

इस बार फिर अपनी आँखों में दाख़िल जो ख़्वाब किया हमने
ख़ुद को ग़रक़ाब किया हमने, सब काम ख़राब किया हमने

कहाँ संग मिले कहाँ ख़ार मिले, इसका न हिसाब किया हमने
हर लहर को रंग दिया हमने, हर फूल गुलाब किया हमने

कहाँ आसमान में तारे थे, बस चार तरफ़ अँधियारे थे
रस्तों को निखार दिया हमने, मंज़र शादाब किया हमने

तेरी आँख में झाँक के देखेंगे इक रोज़ तो हम ये पूछेंगे
क्यों हमपे अज़ाब हुआ नाज़िल जब कारे–सवाब किया हमने

किस शख़्स ने हाल नहीं पूछा, हँस हँस के सवाल नहीं पूछा
क्यों सारी दुनिया रूठ गयी जब पेश जवाब किया हमने

जो डूब के दरिया पार गये, जो इश्क़ में सब कुछ हार गये
जब उनसे ख़िताब किया हमने, पहले आदाब किया हमने

सुनने में बहुत लगती है बुरी, सच्ची है मगर बस बात यही
कुछ भी न 'हिलाल' कहा हमने, कुछ भी न जनाब किया हमने

जुलाई 2009

आँसू तो कोई आँख में लाया नहीं हूँ मैं

आँसू तो कोई आँख में लाया नहीं हूँ मैं
जैसा मगर लगा तुम्हें वैसा नहीं हूँ मैं

अब मुब्तलाए–इश्क़ भी उतना नहीं हूँ मैं
कहते हो तुम अगर तो फिर अच्छा नहीं हूँ मैं

ख़ूबी न हो कोई मगर इतना तो है ज़रूर
झूठी लगे जो बात वो कहता नहीं हूँ मैं

पानी पे बनते अक्स के जैसा तो हूँ मगर
आँखों में कोई भर ले तो मिटता नहीं हूँ मैं

इस तरह ख़ुद को मुझ पे नुमायाँ न कीजिए
इन्सान हूँ हुज़ूर फ़रिश्ता नहीं हूँ मैं

रस्तों के पेचो–ख़म में ऐसा रहा हूँ गर्क़
अब तक किसी मुक़ाम पे ठहरा नहीं हूँ मैं

सौदा है मेरे सर में तो पैरों में भी है दम
चलता हूँ एक बार तो रुकता नहीं हूँ मैं

मानो जो मेरी बात तो सब कुछ लुटा के भी
जीता हूँ उसके इश्क़ में हारा नहीं हूँ मैं

सुन लो 'हिलाल' आज ही सुनना है जो ग़ज़ल
फिर मुझसे मत ये कहना सुनाता नहीं हूँ मैं

27 मार्च 2011

बन के गुलों का हार कहीं मैं पड़ने वाला हूँ

बन के गुलों का हार कहीं मैं पड़ने वाला हूँ
और कहीं एक तीर के जैसा गड़ने वाला हूँ

ये तो सच है मैं भी इक दिन मरने वाला हूँ
ये भी सच है मरते दम तक लड़ने वाला हूँ

तुम आये तो डाली डाली भरने वाला था
तुम जाते हो पत्ता पत्ता झड़ने वाला हूँ

दुनिया के दुख दूर करूँ सारे रस्ते खोलूँ
और कभी ख़ुद राह में अपनी अड़ने वाला हूँ

यार बहुत हूँ यारों का लेकिन मेरे यारो
कौन है झूठा कौन है सच्चा *तड़ने वाला हूँ

मक़्ते तक आ पहुँचा कहते कहते शे'र 'हिलाल'
यानी ग़ज़ल में आख़री हीरा जड़ने वाला हूँ

मार्च 2002

* *तड़ने = ताड़ने।*

सच बोलने वाले का सर जब भी क़लम होगा

सच बोलने वाले का सर जब भी क़लम होगा
जो कुछ भी कहा उसने हर दिल पे रक़म होगा

नश्शा तो चढ़ेगा पर ईमान ब–हम होगा
मयख़ाने में हम होंगे और उसका करम होगा

बैठा हुआ मस्जिद में नादान समझता है
बस उस पे करम होगा और सब पे सितम होगा

रस्ता भी बता देगा, मंज़िल भी दिखा देगा
मिट्टी पे कहीं ऐसा इक नक़्शे–क़दम होगा

ख़ुशबू के समन्दर में कुछ रंग नहाते हैं
देखो तो हक़ीक़त है सोचो तो भरम होगा

क्यों आज भला चुप हैं कल आप ही कहते थे
हर गाम ख़ुशी होगी हरगिज़ न अलम होगा

इक दोस्त हमारा था समझे थे 'हिलाल' उस में
कुछ मेहरो–वफा होगी, कुछ दीन धरम होगा

मार्च 2005

शह्र में मशहूर जिसके क़हक़हे होते रहे

शह्र में मशहूर जिसके क़हक़हे होते रहे
ज़िन्दगी में उसकी क्या क्या हादसे होते रहे

जब तलक उम्मीद की कोई किरन बाक़ी रही
पत्थरों के दरम्याँ भी रास्ते होते रहे

फ़लसफ़े सब पढ़ लिए और सब किताबें छान लीं
पर समझ आया नहीं क्या माजरे होते रहे

बस तुझे देखा किये हम और तुझे सोचा किये
मरहले सब ज़िन्दगी के यूँ ही तय होते रहे

अब निकल आये हैं जब हद्दे–गुमाँ से इस तरफ़
तो यक़ीं आता नहीं क्या वाहमे होते रहे

याद किसकी आ गयी जो फिर ग़ज़ल लिक्खी 'हिलाल'
नूर से किस के मुनव्वर क़ाफ़िए होते रहे

22 मार्च 2000

वक़्त में अब रफ़्तार लगा दे

वक़्त में अब रफ़्तार लगा दे
रात अँधेरी पार लगा दे

शोख़ नज़र का वार लगा दे
देर न कर दिलदार लगा दे

होंट पे अपने होंट को रखकर
ख़ुशियों के अम्बार लगा दे

नक़ली सारे फूल हटाकर
अस्ली बस दो चार लगा दे

आस की नैय्या डोल रही है
यार ज़रा पतवार लगा दे

सारी दुनिया नाच उठेगी
पार मुझे इस बार लगा दे

छोड़ 'हिलाल' अब तल्ख़ हक़ीक़त
ख़्वाबों का बाज़ार लगा दे

29–30 जनवरी 1993

कभी भूला हुआ जो याद साजन आ गया है

कभी भूला हुआ जो याद साजन आ गया है
तो बस तपते हुए सहरा में सावन आ गया है

दुआ इक गुल की माँगी और गुलशन आ गया है
मिरे सर पर ये किसका आज दामन आ गया है

कभी यूँ भी लगा है जैसे बचपन आ गया है
कोई है जो अँधेरे करने रौशन आ गया है

ज़बाँ मीठी हुई है नर्म लहजा हो गया है
तभी तो अब बयाँ में ज़ोरे–आहन आ गया है

सफ़र के दरम्याँ ख़ुद को ये धोका भी दिया है
सुनहरी धूप है और घर का आँगन आ गया है

तो क्या अब हम 'हिलाल' उसका बता ही दें तुम्हें नाम
वो इक शाइर अलीगढ़ से जो लन्दन आ गया है

10 अक्टूबर 2003

आशिक़ को वही करना जो दिल की सदा कह दे

आशिक़ को वही करना जो दिल की सदा कह दे
और दिल का ठिकाना क्या किस वक़्त वो क्या कह दे

इक हर्फ़े मुहब्बत जब वो होशरुबा कह दे
सब भूल के दिल उसको फिर जाने–वफ़ा कह दे

उस शोख़ की शोख़ी पर कुछ शे'र निकाले हैं
वो ऐसा भला कब है जो इनको भला कह दे

कुछ देर के मिलने में हर बात नहीं मुमकिन
या उसका बयाँ सुन ले या अपना गिला कह दे

रूदादे–ग़मे–दौराँ, तफ़सीरे–शबे–हिजराँ
बातें जो छुपाते हो, क्या हो जो हवा कह दे

ग़ुर्बत में ये दिल कैसे अपनों को तरसता है
जा शह्र मिरे जाकर ऐ बादे–सबा कह दे

महफ़िल में 'हिलाल' इतना ख़ामोश नहीं रहते
चल तू भी ग़ज़ल पढ़कर सब हाल मिरा कह दे

जुलाई / अगस्त 1993

वक़्त ने रंग बहुत बदले क्या कुछ सैलाब नहीं आये

वक़्त ने रंग बहुत बदले क्या कुछ सैलाब नहीं आये
मेरी आँखें कब वीरान हुईं कब तेरे ख़्वाब नहीं आये

दिल सहरा का वो तिशनालब हर बार यही सोचा जिसने
मुमकिन है कि आगे दरिया हो और कोई सुराब नहीं आये

हम लोग जो इतने परीशाँ हैं किस बात पे आख़िर नालाँ हैं
क्या सारी बहारें रूठ गयीं क्या अबके गुलाब नहीं आये

तुम कुर्ब की राहत क्या समझो तुम हिज्र की वहशत क्या जानो
तुमने वो रात नहीं काटी तुम पर वो अज़ाब नहीं आये

पहले भी जहाँ पर बिछड़े थे वही मंज़िल थी इस बार मगर
वो भी बेलौस नहीं लौटा हम भी बेताब नहीं आये

ये बज़्म 'हिलाल' है ख़ूब मगर जब तक न सुनाएँ आप ग़ज़ल
चेहरों के गुलाब नहीं महकें महफ़िल पे शबाब नहीं आये

2000–2002

रुकने के लिए दस्ते-सितमगर भी नहीं था

(ये ग़ज़ल इराक़ की जंग के बाद लिखी गयी)

रुकने* के लिए दस्ते–सितमगर भी नहीं था
अफ़सोस किसी हाथ में पत्थर भी नहीं था

बाहर जो नहीं था तो कोई बात नहीं थी
एहसासे–नदामत मगर अन्दर भी नहीं था

जन्नत न मुझे दी तो मैं दोजख़ भी न लूँगा
मोमिन जो नहीं था तो मैं काफ़िर भी नहीं था

लौटा जो वतन को तो वो रस्ते ही नहीं थे
जो घर था वहाँ वो तो मेरा घर भी नहीं था

अंजाम तो ज़ाहिर था सफें टूट चुकी थीं
सालार ए मुअज़्ज़िज़** सरे–लश्कर भी नहीं था

अफ़सोस क़बीले पे खुला ग़ैर के हाथों
सरदार के पहलू में तो खंजर भी नहीं था***

---

*इराक़ पर अमरीकी मिसाइल की यलगार और बाक़ी दुनिया की ख़ामोशी।
**सद्दाम हुसैन।
***Weapons of Mass Distruction

जो बात कही थी वो बहुत साफ़ कही थी
दिल में जो नहीं था वो ज़ुबाँ पर भी नहीं था

ये सच है क़सीदा न 'हिलाल' एक भी लिक्खा
ये सच है कि मैं शाह का नौकर भी नहीं था

मार्च 2005

किया क्यों सफ़र कुछ पता तो चले

किया क्यों सफ़र कुछ पता तो चले
है मंज़िल किधर कुछ पता तो चले

कहाँ मैं सही और, कहाँ हूँ ग़लत
मिले कुछ ख़बर, कुछ पता तो चले

बता दूँ तुझे सब मगर ख़ुद मुझे
मिरे हमसफ़र कुछ पता तो चले

फ़िज़ा में चमकती हैं चिंगारियाँ
हुआ क्या मगर कुछ पता तो चले

इसी आस पर तो गुज़ारी है शब
नमूदे–सहर कुछ पता तो चले

रही हमको किसकी हमेशा तलब
तुझे बेख़बर कुछ पता तो चले

ग़ज़ल जब कहो तो सुना दो 'हिलाल'
तुम्हारा हुनर कुछ पता तो चले

अगस्त 2009

ज़रा जाके क़िस्सए-दिल सुना, ज़रा ज़िक्रे-हिज्रो-विसाल कर

ज़रा जाके क़िस्सए–दिल सुना, ज़रा ज़िक्रे–हिज्रो–विसाल कर
जो रखे हैं फूल सँवार के उन्हें आज नज़रे–जमाल कर

नये रास्ते निकल आयेंगे, तू ज़रा न दिल में मलाल कर
तेरा इश्क़ है तेरी रौशनी इसी रौशनी से कमाल कर

न तो किश्तियों का निशान था, न ही साहिलों का गुमान था
वो तो डूबने से बचा गयी कोई लहर ऊँचा उछाल कर

जो सजी है बज़्म सजी रहे, जो बनी है बात बनी रहे
न तू मुझको कोई जवाब दे न तू मुझसे कोई सवाल कर

मैंने तुमसे मिलके कहे थे जो, मेरे दिल से निकले हैं शे'र वो
ज़रा पढ़ना उनको ख़याल से ज़रा रखना उनको सँभाल कर

मैंने सुन लीं सारी नसीहतें मगर इतना अर्ज़ करूँगा मैं
भला ज़िन्दगी भी क्या ज़िन्दगी तेरा ख़्वाब दिल से निकाल कर

वो जो हैरतों में ही डाल दे, सभी ग़म दिलों से निकाल दे
कोई बात ऐसी बता हमें कोई काम ऐसा 'हिलाल' कर

25 अप्रैल 2011

चराग़े-अना की ज़रूरत बहुत

चराग़े–अना की ज़रूरत बहुत
और उस बेवफ़ा की ज़रूरत बहुत

हमारे बिना क्या वजूदे–ख़ुदा
हमें भी ख़ुदा की ज़रूरत बहुत

कहानी की तल्ख़ी मिटाने को है
लबे–ख़ुशनवा की ज़रूरत बहुत

जो दीवार है तो दरीचा भी हो
पड़ेगी हवा की ज़रूरत बहुत

यहाँ अब किसी की ज़रूरत नहीं
यहाँ है ख़िला की ज़रूरत बहुत

अभी है ख़ुदाओं से लड़ना हमें
अभी है दुआ की ज़रूरत बहुत

जुनूँ के सफ़र में पड़ेगी 'हिलाल'
दिले–मुब्तिला की ज़रूरत बहुत

दिसम्बर 2009 / जनवरी 2010

पहले दीवार को गिराऊँगा

पहले दीवार को गिराऊँगा
फिर नया रास्ता बनाऊँगा

अपने वादे को तो निभाऊँगा
जो कहा है वो कर दिखाऊँगा

ज़िन्दगी दाँव पर लगाऊँगा
हार कर खेल जीत जाऊँगा

हाँ करूँगा बग़ावतें पहले
फिर मैं दस्ते–दुआ उठाऊँगा

कुछ दिनों हूँ ज़मीन पर और फिर
आसमानों में लौट जाऊँगा

आबरू इश्क़ की मुझी से है
कुछ भी हो मैं उसे बचाऊँगा

मैं कहाँ रोकने से रुकता हूँ
चढ़ते दरिया के पार जाऊँगा

बस ज़रा इन्तज़ार कर लेना
बच गया तो पलट के आऊँगा

वो 'हिलाल' आसमाँ से उतरी है
जो ग़ज़ल आज मैं सुनाऊँगा

19 जुलाई 2012

न तो मिलता है सनम और न ख़ुदा मिलता है

(अदील भाई की ग़ज़ल 'ये तो कहता नहीं इस तरह ख़ुदा मिलता है' की तर्ह पर)

न तो मिलता है सनम और न ख़ुदा मिलता है
ढूँढ़ने वाले को बस अपना पता मिलता है

चश्मे–नम और न अब दस्ते–दुआ मिलता है
हर तरफ़ सिर्फ़ वही सैले–अना मिलता है

ख़ूब दुनिया में मुहब्बत का सिला मिलता है
जिस तरफ़ देखिए इक तीर खिंचा मिलता है

वो ही मंज़िल है जहाँ फूल खिले होते हैं
वो ही रस्ता है जहाँ दश्ते–बला मिलता है

दो घड़ी बैठे नहीं और तुम्हें जाना है
यार अपनों से कोई ऐसे भला मिलता है

ले चलो हमको वहाँ, हमको वहीं ले के चलो
हाँ वहीं, दिल को जहाँ चैन ज़रा मिलता है

उसके घर में हैं हिलाल ऐसी किताबें कितनी
जिन के सफ़्हों में मिरा शे'र लिखा मिलता है

30 जून 2012

जो कर रहे हैं तंज़ उन्हें हँस के टाल दूँ

जो कर रहे हैं तंज़ उन्हें हँस के टाल दूँ
चलने से पहले पाँव के काँटे निकाल दूँ

हर वक़्त ही जो दिल में रहे वो ख़याल दूँ
जब दूँ किसी को चीज़ तो मैं लाज़वाल दूँ

जो मरहला है इश्क़ में ताज़ा तरीन है
समझो अगर न तुम तो पुरानी मिसाल दूँ

इज़्ज़त जनाबे–शैख़ की कर लूँगा बाद में
फ़त्वों को उनके पहले मैं कूड़े में डाल दूँ

काटा उसी ने सर जो ये कहता था हर क़दम
"सरकार! मैं और आपकी पगड़ी उछाल दूँ?!"

ये इम्तेहान है आपका लाज़िम नहीं जनाब
सोचा किये हैं आप जो वो ही सवाल दूँ

दिल भर के पहले देख लूँ नाज़ुक से फूल को
और फिर पहाड़ काट के दरिया निकाल दूँ

(क़ाफ़)

गहराइयों में डूब के कह दूँ कोई ग़ज़ल
यानी तिरे ख़याल को लफ़्ज़ों में ढाल दूँ

ग़ालिब, नज़ीरो–जोश ने क्या क्या इसे दिया
मैं भी ज़बाने–मीर को कुछ तो 'हिलाल' दूँ

29 जून 2013

हमारे वास्ते भी सिलसिले दुआ के चले

(एक तर्हि ग़ज़ल–मिसरा ए तर्ह 'चराग़ ले के जो हम सामने हवा के चले')

हमारे वास्ते भी सिलसिले दुआ के चले
'चराग़ ले के जो हम सामने हवा के चले'

सितम को रोक दिया ज़ुल्म को मिटा के चले
जहाँ भी लोग क़दम से क़दम मिला के चले

गुनाह करते रहे तोहमतें लगा के चले
जनाबे–शैख़ किधर मैकदे में आके चले

वो लोग ख़त्म हुए ख़ुद को जो बचा निकले
वो लोग ज़िन्दा रहे जान जो लुटा के चले

हैं रास्ते भी उसी के सफ़र भी उसी का है
जो मुश्किलों की डगर पर भी मुस्कुरा के चले

(क़ाफ़)

बुरी है बात जो हर बात पर डराता रहे
बड़ी है बात अगर हौसले बढ़ा के चले

तमाम उम्र किसी मौलवी की इक न सुनी
चले 'हिलाल' तो बस हुक्म पर ख़ुदा के चले

21 दिसम्बर 2013

क्यों करते रहे इश्क़ वज़ाहत भी करेंगे

क्यों करते रहे इश्क़ वज़ाहत भी करेंगे
दिल थाम के फिर शहर से हिजरत भी करेंगे

सोचेंगे तेरे हुस्न को हसरत भी करेंगे
बदले हुए हालात पे हैरत भी करेंगे

चाहेंगे बहुत मुझको मोहब्बत भी करेंगे
कुछ लोग मेरे नाम से नफ़रत भी करेंगे

चुपके से किसी दिल में उतर जायेंगे इक दिन
हम अहले मुहब्बत ये करामत भी करेंगे

दुनिया के उसूलों की इताअत है गवारा
पर ज़ुल्म बढ़ेगा तो बग़ावत भी करेंगे

ख़ामोश हैं इस वक़्त मगर वक़्त पड़ा तो
महशर भी उठा देंगे क़यामत भी करेंगे

सच कहने की जिन लोगों से हिम्मत नहीं होती
तुम देखना इक रोज़ वो हिम्मत भी करेंगे

सूफी ने दुआ दी है कमायेंगे अगर हम
दिल खोल के फिर ख़र्च वो दौलत भी करेंगे

इतना ही नहीं सिर्फ़ कि देखेंगे तेरा ख़्वाब
उस ख़्वाब की ताउम्र हिफ़ाज़त भी करेंगे

होती है 'हिलाल' उनकी तो हर बात निराली
धोका भी हमें देंगे शिकायत भी करेंगे

12 जुलाई 2013

यारे-सितम शआर की होगी कोई मिसाल क्या

यारे–सितम शआर की होगी कोई मिसाल क्या
मुझसे ही पूछता है वो 'है इश्क़ लाज़वाल क्या'

देर इस क़दर न कीजिए अब जाम उठा भी लीजिए
वरना यहाँ किसे ख़बर हो जाये कब मुहाल क्या

इश्वो–अदाए–गुलरुख़ाँ साज़े–ख़िरामे–दिलबराँ
देखे थे हमने ख़्वाब क्या ठहरा है अपना हाल क्या

हम भी करेंगे दिल को वा तुम भी कहो तो कुछ ज़रा
आता कभी है याद भी भूला हुआ ख़याल क्या

आख़िर ये क्या ज़वाल है, कैसा अजीब हाल है
दिल में यही सवाल है पूछेगा वो सवाल क्या

जो खोना था वो खो गया जो हो गया सो हो गया
बैठे हो यूँ निढाल क्यों करते हो अब मलाल क्यों

रूदादे–हिज्र हर घड़ी ज़िक्रे–फ़िराक़ हर तरफ़
यारो तुम्हारे शह्र में होता नहीं विसाल क्या

सहरा में फूल खिल गये पानी में आग लग गयी
देखें हुजूमे–आशिक़ाँ करता है अब कमाल क्या

महफ़िल का रंग देखकर पूछा ये इक गुलाब ने
होती है वाह वाह क्यों पढ़ते हो तुम 'हिलाल' क्या

12 नवम्बर 2012

पहले लगता था सब अच्छा अब तो बहुत कम अच्छा लगता है

पहले लगता था सब अच्छा अब तो बहुत कम अच्छा लगता है
अन्दर आग भड़कती हो तो किसको मौसम अच्छा लगता है

जान की बाज़ी खेल नहीं पर जान का जोखम अच्छा लगता है
अहले–जुनूँ को क़स्रे–जुनूँ पर अपना परचम अच्छा लगता है

सीधी राह बुरी लगती है रस्ते में ख़म अच्छा लगता है
इश्क़ में करना नज़्मे–ख़रिद को दरहम बरहम अच्छा लगता है

हिज्र के बादल छँट जायें तो ख़्वाब की महफ़िल सजती है
उम्मीदें जब बाँध के घुँघरू नाचें छमछम अच्छा लगता है

चाहे कितने परवत आयें चाहे कितने बाँध बँधें
उन नदियों को क्या रोकेंगे जिनको संगम अच्छा लगता है

दिल वालों से मिलते हैं हम दिल वालों की सुनते हैं
हमसे उनकी बात न कीजै जिनको दिरहम अच्छा लगता है

कुछ लम्हों को याद करें तो दिल बस टूट सा जाता है
कुछ लम्हों को याद करें तो सारा आलम अच्छा लगता है

हम तो 'हिलाल' अब वो ही कहेंगे बात जो सच्ची है
सिन्फ़े ग़ज़ल में आपका लहजा मद्धम मद्धम अच्छा लगता है

29 अप्रैल 2014

उनसे कुछ छुपायें हम तब भी ख़ुश नहीं हैं वो

उनसे कुछ छुपायें हम तब भी ख़ुश नहीं हैं वो
दाग़े–दिल दिखायें हम तब भी ख़ुश नहीं हैं वो

मस्जिदों में जायें हम तब भी ख़ुश नहीं हैं वो
और पी के आयें हम तब भी ख़ुश नहीं हैं वो

नींद से जगायें हम तब भी ख़ुश नहीं हैं वो
ख़्वाब में सतायें हम तब भी ख़ुश नहीं हैं वो

अश्कबार हों अगर तब भी हमसे वो ख़फ़ा
और मुस्कुरायें हम तब भी ख़ुश नहीं हैं वो

पास उनके आयें तो दूर दूर जायें वो
दूर उनसे जायें हम तब भी ख़ुश नहीं हैं वो

ख़ार की है बात क्या ख़ार तो हैं ख़ार फिर
गुल अगर खिलायें हम तब भी ख़ुश नहीं हैं वो

आप ही बतायें कुछ अब करें तो क्या करें
उन पे जाँ लुटाएँ हम तब भी ख़ुश नहीं हैं वो

जब 'हिलाल' चुप रहें, बरहमी न पूछिए
जब ग़ज़ल सुनायें हम तब भी ख़ुश नहीं हैं वो

31 अक्टूबर 2014

आज़ार पे आज़ार कभी आपने देखा

आज़ार पे आज़ार कभी आपने देखा
और इश्क़ का पिंदार कभी आपने देखा

वो हुस्ने–तरहदार कभी आपने देखा
दिल होते गिरफ़्तार कभी आपने देखा

गुल कोई न गुलज़ार कभी आपने देखा
कब ठीक से सरकार कभी आपने देखा

हम अहले–जुनूँ के लिए जो राहे जुनूँ है
उस राह को हमवार कभी आपने देखा

बाज़ार का बाज़ार सजा छोड़ गये थे
फिर लौट के इक बार कभी आपने देखा

ये लोग अजब हैं ये ज़माना भी अजब है
इस शह्र का अख़बार कभी आपने देखा

इन्कार ही इन्कार फ़क़त देख रहे हैं
इन्कार में इक़रार कभी आपने देखा

कहने पे जो आये तो कहा हम को बहुत कुछ
अपना तो न किरदार कभी आपने देखा

देखें तो ज़रा आप ही कैसे हैं भला आप
हमको न वफ़ादार कभी आपने देखा

दीवार सजी देख के हैं आप बहुत ख़ुश
लेकिन पसे–दीवार कभी आपने देखा

बोलें तो 'हिलाल' आप ज़रा ये तो बता दें
हम जैसा तरफ़दार कभी आपने देखा

26 मार्च 2014

दश्ते-जुनूँ में आइए आँखों में ख़्वाब लीजिए

दश्ते–जुनूँ में आइए आँखों में ख़्वाब लीजिए
ख़्वाबों में कितना ज़ोर है फिर ये हिसाब लीजिए

दिल भी तो इक किताब है फ़ैज़े–किताब लीजिए
जितने भी हैं सवाल फिर सबके जवाब लीजिए

वो हो किसी भी चीज़ की अच्छी नहीं हवस हुज़ूर
थोड़े गुनाह कीजिए थोड़ा सवाब लीजिए

कहते रहे हैं आप कुछ करते रहे हैं आप कुछ
अपने भी क़ौलो–फ़े'ल का कुछ तो हिसाब लीजिए

उसकी गली है इस तरफ़ वो है मकान शैख़ का
चाहे शबाब लीजिए चाहे इताब लीजिए

अब तो नमाज़ हो चुकी, अब तो ख़ुदा के वास्ते
थोड़ी शराब लीजिए, थोड़ी शराब लीजिए

हम भी 'हिलाल' क्या करें अपना यही हिसाब है
ख़ारों पे ख़ार दीजिए हमसे गुलाब लीजिए

1 जनवरी 2015

इश्क़ में जीना इश्क़ में मरना जिनका हो मा'मूल हिलाल

(इंशा जी के नाम)

इश्क़ में जीना इश्क़ में मरना जिनका हो मा'मूल हिलाल
राह चलें तो राह में उनकी खिल जाते हैं फूल हिलाल

कैसी मोहब्बत कैसी इशारत वो थी नज़र की भूल हिलाल
छोटी सी इक बात पे इतना मत हो यार मलूल हिलाल

तुम तो सब कुछ छोड़ के ऐसे काम जुनूँ का करते हो
जैसे इस इक काम के आगे सारे काम फ़िज़ूल हिलाल

जो भी यहाँ पे आता है वो अपना पाठ पढ़ाता है
चुप मत बैठो तुम भी खोलो इश्क़ का इक स्कूल हिलाल

धुन में अपनी रहते हो और जाने क्या क्या कहते हो
हम भी तुमसे बात करें जो बात करो माक़ूल हिलाल

रंग बिरंगे नक़्श सजे हैं चार तरफ़ जो महलों में
इक दिन उनको हो जाना है कंकर पत्थर धूल हिलाल

रात भी गुज़रे दिन भी बीते ढूँढ़ सके कब कोई तुम्हें
सच बोलो किस काम में रहते हो इतना मशग़ूल हिलाल

कितना कुछ तो हार चुके हो, मौक़े को मत जाने दो
जान की बाज़ी खेल के कर लो सारे दाम वसूल हिलाल

2 नवम्बर 2014

चाह से बढ़कर चाहत दे दे या अल्लाह

चाह से बढ़कर चाहत दे दे या अल्लाह
तब जानूँ ये दौलत दे दे या अल्लाह

मूसा वाली क़िस्मत दे दे या अल्लाह
और नज़र को ताक़त दे दे या अल्लाह

तेरी बातें समझें कैसे छोटे लोग
इनके क़द को क़ामत दे दे या अल्लाह

ढूँढ़ रहा है जो तुझको उस दिल को तू
और ज़रा सी हसरत दे दे या अल्लाह

रस्मो–रिवायत तौर तरीक़े सौमो–सलात
इन सबसे अब मोहलत दे दे या अल्लाह

मुझको दोज़ख़ भेज रहा है जो मुल्ला
उसको भी तू जन्नत दे दे या अल्लाह

झूट करे जब शहर पे मेरे ज़ुल्मो–सितम
सच कहने की हिम्मत दे दे या अल्लाह

हमने सारे लोग यहाँ के देख लिए
अब तो हमको फ़ुरसत दे दे या अल्लाह

देख सके हर नक़्श में तेरा नक़्श 'हिलाल'
इश्क़ को इतनी वुस्अत दे दे या अल्लाह

29 अप्रैल 2013

जो काम है बताइए तकल्लुफात छोड़िए

जो काम है बताइए तकल्लुफ़ात छोड़िए
वो था कभी जो वास्ता अब उसकी बात छोड़िए

न आप अपनी कहकशाँ न कायनात छोड़िए
मगर न हर तरफ़ हुज़ूर अँधेरी रात छोड़िए

सुख़नवरी इसी में है हो ख़ुशगवार गुफ़्तगू
जो जान पे गुज़र गये वो हादसात छोड़िए

न जाने कैसी सोच में पड़े हुए हैं आप भी
ज़माना अब बदल गया तव्हुम्मात छोड़िए

सुनाने का जो शौक़ हो तो दास्ताँ सुनाइए
मगर लगें जो तल्ख़तर वो वाक़यात छोड़िए

यहाँ की रीत है जुदा यहाँ के तौर हैं अलग
जो मयकदे में आइए तो एहतयात छोड़िए

उसूल दोस्ती का है जो हाथ थाम लीजिए
तो फिर किसी भी हाल में न आप हात छोड़िए

सुना हमारा नाम तो 'हिलाल' हँस के कह दिया
'है उनकी बात ही अलग अब उनकी बात छोड़िए'

11 मार्च 2013

पूछें जो बग़ावत की मालूम सज़ा भी है

पूछें जो बग़ावत की मालूम सज़ा भी है
कह दो ये ख़ुदाओं से इक मेरा ख़ुदा भी है

घुँघरू की झनक भी है तेग़ों की सदा भी
किस राह पे निकले हो कुछ तुम को पता भी है

है दिल में यक़ीं लेकिन धड़का सा लगा भी है
जिस इश्क़ की शोहरत है वो इश्क़ हुआ भी है

बरबाद हुआ जिसने ये राज़ नहीं जाना
ख़ामोश समुन्दर में तूफ़ाने–बला भी है

पहले तो ये लगता था जैसे कि मुअम्मा हो
अब जाके कहीं कुछ कुछ वो शख़्स खुला भी है

इक रस्म निभायी तो इक रस्म तो टूटेगी
है रस्मे–ज़माना भी और रस्मे–वफ़ा भी है

हम आपकी बस्ती में जिस काम से आये थे
थोड़ा सा किया भी है थोड़ा सा बचा भी है

तुम कैसे मसीहा हो इतना भी नहीं समझे
कुछ दर्द हमें अब तो पहले से सिवा भी है

बोलो तो 'हिलाल' इमशब आना है भला किसको
आँखों में चमक भी है और दर पे दिया भी है

26 सितम्बर 2015

'घोर अँधेरा'

एक मुसलसल ग़ज़ल

(19 फ़रवरी 2016 की एक टीवी ब्रॉडकास्ट से मुतास्सिर होकर 20 फ़रवरी 2016 को लिखी गयी)

देर से मैं ये सोच रहा हूँ कैसे छाया घोर अँधेरा
कौन सी खिड़की बन्द करी जो घर में आया घोर अँधेरा

झूट का डंका बजता जाये, जो सच बोले जान गँवाये
किन लोगों ने इस बस्ती में आके बसाया घोर अँधेरा

निकले थे इक रस्ते पर हम जगमग करती किरनों वाले
किसने हम पर चाल चली जो ख़ुद अपनाया घोर अँधेरा

तुमको तो मालूम नहीं पर, तारीख़ बताने वाली है
किसने सारे दीप बुझाये, कौन था लाया घोर अँधेरा

आने वाली नस्लों को तो दिखलाना था सूरज चन्दा
फिर क्यों तुमने आख़िर उनको, बस दिखलाया घोर अँधेरा

अब जो सारी बहसें सुन लीं, हम बैठे ये सोच रहे हैं
किसने पायी मुफ़्त की शोहरत किसने पाया घोर अँधेरा

नूर दिलों में भरने वाले, दुनिया रौशन करने वाले
मुल्क की उनसे रक्षा करना जिनका साया घोर अँधेरा

लन्दन, 20 फ़रवरी 2016

किस रोज़ तंज़ शैख ने हम पर नहीं किया

(हाफ़िज़ शीराज़ी से मुतास्सिर हो कर)

मन तर्क—इश्क़बाज़ी ओ साग़र नमी कुनम
सद बार तौबा करदम ओ दीगर नमी कुनम
शैख़म ब—तंज़—गुफ़्त हरामस्त मै मख़ूर
गुफ़्तम, मगो के गोश बहर ख़र नमी कुनम

(हाफ़िज़ शीराज़ी)

किस रोज़ तंज़ शैख़ ने हम पर नहीं किया
हमने भी तर्क बादा—ओ—साग़र नहीं किया

क्या क्या तेरे जहान में आकर नहीं किया
पर काम कोई इश्क़ से बेहतर नहीं किया

तूने सितम भी कम तो सितमगर नहीं किया
हमने भी अपना दिल कभी पत्थर नहीं किया

ज़र और ज़मीं के दाम से बाहर न आ सके
जो करना था वो कारे—क़लन्दर नहीं किया

अब तक हैं तेरी राह में आँखें बिछी हुई
अब तो तेरे ख़्वाब को बेघर नहीं किया

करते नहीं थे लोग जो हम करके आ गये
होता रहा जो काम वो अक्सर नहीं किया

हमको डरा रहे हो जो लहरों के शोर से
क्या हमने पहले पार समन्दर नहीं किया

तुमने चलाये तीर तो हमने ग़ज़ल कही
बोलो कि क्या हिसाब बराबर नहीं किया

हमसे 'हिलाल' इसलिए कुढ़ते हैं मौलवी
हाफ़िज़ की तरह 'गोश ब हर ख़र' नहीं किया

16 अगस्त 2016

इश्क़ में है कमाल जो जब वो कमाल आ गया

इश्क़ में है कमाल जो जब वो कमाल आ गया
हिज्र के दिन गुज़र गये वक़्ते–विसाल आ गया

नज़रें उठा के देखिए दुनिया इसी का नाम है
इसका उरूज हो गया उस पे ज़वाल आ गया

देखी वफ़ाए–दोस्ताँ देखी अदाए–दिलबराँ
शद्दे–तरब से दिल मिरा होके निढाल आ गया

मिलने ज़रूर आइए पहले मगर बताइए
कैसे हुज़ूर आपको मेरा ख़याल आ गया

धोका किसी से खागये कैसे जियेंगे आप फिर
इतनी सी बात पर अगर दिल में मलाल आ गया

हमको ख़बर कहाँ थी वो ऐसा सितम ज़रीफ़ है
हमने किया था प्यार और उसको जलाल आ गया

कल जो मिला था रात वो कहनी नहीं थी बात वो
दिल की तलब को क्या करें लब पे सवाल आ गया

अच्छा बुरा तो वो कहे जिसको 'हिलाल' होश हो
सुन के कलाम आपका हम पे तो हाल आ गया

18 जून 2014

पूछा भी बहुत सोचा भी बहुत ये राज़ मगर खुलता ही नहीं

पूछा भी बहुत सोचा भी बहुत ये राज़ मगर खुलता ही नहीं
दिल कैसे उसे पहचान गया आँखों ने जिसे देखा ही नहीं

ये बात अगर हम तुझसे कहें परदा जो तिरा उठता ही नहीं
नज़रों को हमारी रोक सके ऐसा तो कोई परदा ही नहीं

है हुस्न का पहलू एक तरफ़ और इश्क़ का पहलू एक तरफ़
उसने ये कहा ठहरा था बहुत, हमने ये कहा ठहरा ही नहीं

मकतब भी गये मस्जिद भी गये, दिन रात पढ़ा सब हिफ़्ज़ किया
अन्दर तो मगर झाँका ही नहीं, क़िस्सा तो कभी समझा ही नहीं

कब ऐसे तवंगर लोग हैं हम बस ये है क़लन्दर लोग हैं हम
जितना भी मिला सब बाँट दिया कुछ अपने लिए रक्खा ही नहीं

सच कुछ न कहें ख़ामोश रहें, माज़ूर सही मजबूर सही
वो काम भला हम कैसे करें जो काम कभी सीखा ही नहीं

क्या रंग बदलता है ये जहाँ है पेशे–नज़र हर बात यहाँ
जिस बात से हर इक बात उठी वो बात कोई करता ही नहीं

तारीफ़ 'हिलाल' अपनों की करे गैरों पे जो बस इल्ज़ाम धरे
वो बोल कभी बोला ही नहीं वो लफ़्ज़ कभी लिक्खा ही नहीं

24 मई 2014

क़ता

दुख रोलता हूँ मैं यही ख़राबी है
दिल खोलता हूँ मैं यही ख़राबी है
मैं कुछ कहूँ तो आप रूठ जाते हैं
सच बोलता हूँ मैं यही ख़राबी है

2 जनवरी 2016

अब भी इश्क़ में जीता हूँ और अब भी इश्क़ में मरता हूँ

अब भी इश्क़ में जीता हूँ और अब भी इश्क़ में मरता हूँ
यारो! तुम ही बदल गये हो मैं तो पहले जैसा हूँ

हार के सब कुछ पहले गहरी तारीकी में डूबा हूँ
रात का दामन चीर के फिर मैं सूरज बनकर निकला हूँ

देखो मुझको ग़ैर न समझो मैं तो दोस्त पुराना हूँ
आँखें जिनको भूल चुकीं वो ख़्वाब जगाने आया हूँ

ज़ुल्मो–सितम के लहजे में ये तानाशाही आवाज़ें
जितना चाहें शोर मचा लें मैं कब इनसे डरता हूँ

फ़तवों की यलग़ार हुई और लानत की बौछार हुई
अहले–सफ़ा से नज़रें मिलाकर जब भी मैं सच बोला हूँ

कुछ तो पीछे छूट गये कुछ साथी थक कर टूट गये
अपने लिए जो राह चुनी थी उस पर अब तक चलता हूँ

कोई तो माने बात मिरी और कोई तो समझे इश्क़ मिरा
बस मैं 'हिलाल' इस काम की ख़ातिर ताज़ा ग़ज़ल कह लाया हूँ

7 फ़रवरी 2016

क्यों प्यास न बुझती सीने की, क्यों आग न लगती पानी में

क्यों प्यास न बुझती सीने की, क्यों आग न लगती पानी में
दिल में भड़कते शोले भी थे, था दरिया भी तुग़यानी में

इक मंज़र आँख में ठहरा सा, इक नक़्शा दिल में गहरा सा
इक चेहरा झिलमिल दरपन में, इक जादू शोख़ बयानी में

क्या क़िस्सा रूठा जाता है, क्या हाथ से छूटा जाता है
क्या रंगत सुर्ख़ गुलाबों की, क्या ख़ुशबू रात की रानी में

है शुक्र ख़ुदा का सुनते हैं जब कहता हूँ मैं बच्चों से
वो रंग भरेगा बुढ़ापे में जो इश्क़ करोगे जवानी में

वो पण्डित और ये मुल्ला है, इन सबका एक ही धन्धा है
यारो! रस्ता भूल न जाना इनकी कारस्तानी में

लोग तो महफ़िल छोड़ चले थे, क्या क्या उनवाँ जाग रहे थे
मैं भी था मस्त सुनाने में, और वो भी गर्क़ कहानी में

तू यार 'हिलाल' क़लन्दर है, क्या जादू तेरे अन्दर है
इक नक़्श बनाकर पानी में, फिर डाल दिया हैरानी में

22 जुलाई 2016

जो ज़ख़्म लगे हैं वो दिखा दूँ

जो ज़ख़्म लगे हैं वो दिखा दूँ
इक हश्र यहाँ भी मैं उठा दूँ

बुझती हुई रौशनी बढ़ा दूँ
तुम आओ तो सब दिये जला दूँ

अशआर में रफ़्तगाँ सजा दूँ
इक ताजमहल नया बना दूँ

है ख़ूब तक़ाजा आपका भी
अरमान थपक थपक सुला दूँ

हर बात मैं किस लिए रखूँ याद
हर याद मैं किस लिए भुला दूँ

कुछ मेरे गुनाह शैख़ गिन लें
कुछ उनके गुनाह मैं गिना दूँ

दुनिया की रिवायतें निभाऊँ
या आज मैं सच को सच बता दूँ

मैंने जो 'हिलाल' से सुनी है
आ जाओ तो वो ग़ज़ल सुना दूँ

17 जनवरी 2017

कितनी गिरहें खोल रहा है सन्नाटा

कितनी गिरहें खोल रहा है सन्नाटा
तन्हाई में बोल रहा है सन्नाटा

हीरे मोती रोल रहा है सन्नाटा
कुछ तल्ख़ी भी घोल रहा है सन्नाटा

जब से मैंने दिल की अपने बात कही
आगे पीछे डोल रहा है सन्नाटा

अन्दर जब भी ख़वाबों का बाज़ार लगा
बाहर का माहौल रहा है सन्नाटा

लोग तो क्या क्या बातें करके लौट गये
सब बातों को तोल रहा है सन्नाटा

कितने दरिया इसमें आकर डूब गये
सूफ़ी का कशकोल रहा है सन्नाटा

यार 'हिलाल' अब क्या समझाऊँ इसका मोल
मेरे लिए अनमोल रहा है सन्नाटा

24 जनवरी 2017

वो होके माइल क़रीबतर था, वो रह के ग़ाफ़िल क़रीबतर है

वो होके माइल क़रीबतर था, वो रह के ग़ाफ़िल क़रीबतर है
क़रीब बैठे कि दूर जाए वो रूहे महफ़िल क़रीबतर है

जो ज़ुल्म ढा कर समझ रहे हैं कि उनकी मंज़िल क़रीबतर है
उन्हें ये शायद पता नहीं है शिकस्ते बातिल क़रीबतर है

न आँख झपके न नींद आये, नज़र तुम्हारी न हटने पाये
कि जिससे तूफ़ाँ उठें हज़ारों वो रक़्से बिस्मिल क़रीबतर है

सफ़र पे निकले तो सब हैं लेकिन दिलों में खटका लगा हुआ है
कहाँ पे रहनी है जाँ सलामत कहाँ पे क़ातिल क़रीबतर है

जो आप पूछें तो क्या बताएँ हमें कुछ इसकी ख़बर नहीं है
कहाँ सहल है जुनूँ का रस्ता कहाँ पे मुश्किल क़रीबतर है

वो जिसका लहजा ज़बाँ पे उतरा वो जिसकी ख़ुश्बू बसी है दिल में
वही तो सोहबत अज़ीज़ तर थी, वही तो महफ़िल क़रीबतर है

कहीं जो हिम्मत को तोड़ती थी, कहीं जो कश्ती को मोड़ती थी
वही हवा अब बता रही है हमारा साहिल क़रीबतर है

'हिलाल' नज़रें उठा के देखो तुम्हारे आगे खड़े हैं कब से
कहा था तुमसे मिलेंगे इक दिन, कहा था मंज़िल क़रीबतर है!

4 फ़रवरी 2017

रोते रोते हँसना था, हँसते हँसते रोना था

रोते रोते हँसना था, हँसते हँसते रोना था
इश्क़ की राह पे निकले थे, इश्क़ में ये तो होना था

तुमको प्यारे मुल्लाजी, इन्साँ बनकर जीना था
जी भर के पी लेनी थी फिर दामन को धोना था

सब ही कुछ पा लेने की, हसरत वहशी होती है
थोड़ा थोड़ा पाना था थोड़ा थोड़ा खोना था

यादों से घबरा कर हम, अपने वतन को जब लौटे
हर सू अफ़रा तफ़री थी, हर सू रोना धोना था

करते हो क्या शिकवा जब, काँटे उगने लगते हैं
जिन फ़सलों की ख़्वाहिश थी, उन फ़सलों को बोना था

दुनिया के बाज़ारों में, धोका हो ही जाता है
मिट्टी जिसको समझे थे वो ही असली सोना था

जगमग करते लफ़्जों में कहते थे तुम शे'र 'हिलाल'
कैसा गोरख धन्धा था, कैसा जादू टोना था

11 फ़रवरी, 2017

सब दोस्त गये छोड़, सरेदार हमीं हैं

सब दोस्त गये छोड़, सरेदार हमीं हैं
सिर अपना कटा देने को तैयार हमीं हैं

राहें जो किया करते थे हमवार हमीं हैं
अब राह में बे–यारो–मददगार हमीं हैं

इक ख़्वाब लिए आँख में बेदार हमीं हैं
क्या ख़ूब कहा आपने बेकार हमीं हैं

हर शब को उठाते हैं जो आज़ार हमीं हैं
जो सुबह सजा देते हैं गुलज़ार हमीं हैं

पहुँचे हैं सब उस पार, अब इस पार हमीं हैं
हम तो ये समझते थे समझदार हमीं हैं

तब आपके दीदार को लगती थीं क़तारें
अब आप हैं और तालिबे दीदार हमीं हैं

ज़ाहिद तो हमेशा से है किरदार से ख़ाली
हैं रिंद मगर साहिबे किरदार हमीं हैं

हर दौर में होते रहे कुरबान हमीं तो
इस पर भी ये इल्ज़ाम है ग़द्दार हमीं हैं

अफ़सोस यही बात तो समझे न कभी आप
हैं ढाल भी हम आपकी तलवार हमीं हैं

अब वक़्त पड़ा है, कोई पूछो तो कहाँ हैं
वो लोग जो कहते थे वफ़ादार हमीं हैं

हर क़ैद को तोड़ा है ज़माने की मगर हाँ!
उस शोख़ की ज़ुल्फ़ों के गिरफ़्तार हमीं हैं

कहने को 'हिलाल' आप हैं शाइर बहुत अच्छे
सुनते तो मगर आप के अशआर हमीं हैं

7 मई 2017

बैठेगा तिरे पास तेरी बात सुनेगा

बैठेगा तिरे पास तेरी बात सुनेगा
ऐ शैख़ भला कौन ख़ुराफ़ात सुनेगा

मुल्ला की सिफ़ारिश न शिकायात सुनेगा
अल्लाह तो हर शख़्स की ख़ुद बात सुनेगा

सुनने को तो वो मेरे ख़यालात सुनेगा
समझेगा न इक हर्फ़ भी सफ़हात सुनेगा

ज़ाहिद से कहो और कहीं जा के सुनाये
आशिक़ तो न फ़ेहरिस्ते–रुसूमात सुनेगा

मुल्ला जो करे तंग पढ़ो सूरते–अन्नास
भागेगा बहुत दूर जो आयत सुनेगा

महशर को समझता है जो जीती हुई बाज़ी
रोवेगा लहू जब वो नतीजात सुनेगा

मुल्ला तो 'हिलाल' आपकी सुनने का नहीं है
बस आपकी तो रिन्दे–ख़राबात सुनेगा

20 मई 2017

जो उससे कभी था वो सरोकार नहीं है

जो उससे कभी था वो सरोकार नहीं है
दिल उसको भुलाने को भी तैयार नहीं है

इज़हार मुहब्बत का लगातार नहीं है
पर ये न समझ लेना हमें प्यार नहीं है

क्या रिंद का कहना कि वो मैख़्वार नहीं है
क्या शैख़ का दावा कि गुनहगार नहीं है

(क़ाफ़)

तूफ़ान भी टल जाने को तैयार नहीं है
कश्ती में बची एक भी पतवार नहीं है

हम वो हैं कि जिनके लिए शिबली ने कहा था
लड़ते हैं मगर हाथ में तलवार नहीं है

फ़ैली है ख़बर एक मगर बात अजब है
है जिसकी ख़बर वो ही ख़बरदार नहीं है

यूसुफ़–ओ–ज़ुलैख़ा को कहाँ ढूँढ़ रहे हो
लन्दन है मियाँ मिस्र का बाज़ार नहीं है

उस ज़ुल्फ़ के पेंचों ने भरम तोड़ दिया सब
कहते थे हमें इश्क़ का आज़ार नहीं है

साहिल पे खड़े दूर से ही देख रहे हो
इतना भी तमाशा तो मज़ेदार नहीं है

रक्खो भी ग़ज़ल ताक़ पे अब काम पे निकलो
दोशम्बा 'हिलाल' आज है इतवार नहीं है

21 जुलाई 2017

थोड़ा बहुत गुनाह किया फिर किसी को क्या

(नज़ीर की नज़्र)

"हमने जो दिल सनम को दिया फिर किसी को क्या
इस्लाम छोड़ कुफ़्र लिया फिर किसी को क्या
आप ही किया है अपने गिरेबाँ को हमने चाक
आप ही सिया, सिया न सिया फिर किसी को क्या"

—नज़ीर अकबराबादी के अशआर

थोड़ा बहुत गुनाह किया फिर किसी को क्या
करके ख़ुदा का नाम लिया फिर किसी को क्या

दिल का कभी न चाक सिया फिर किसी को क्या
मरहम भी रखना छोड़ दिया फिर किसी को क्या

बाज़ार जा के ज़हर लिया फिर किसी को क्या
हमने पिया, पिया न पिया फिर किसी को क्या

ज़ाहिद को एक आँख भी भाते नहीं थे हम
इस्लाम छोड़ कुफ़्र लिया फिर किसी को क्या

किस किस ने हम पे ज़ुल्म किया क्या पता चले
हमने ही परदा डाल दिया फिर किसी को क्या

मैं तो किसी की राह में आया नहीं कभी
मैं भी जो अपने तौर जिया फिर किसी को क्या

क्या क्या न उसने तंज़ किया, हमने उसका तंज़
दिल पर लिया, लिया न लिया फिर किसी को क्या

सब अपने अपने शौक़ में मसरूफ़ हैं 'हिलाल'
कुछ आप ने कमाल किया फिर किसी को क्या

2 नवम्बर 2017

रास्तों के पेंचोख़म से बेख़बर होते गये

रास्तों के पेंचोख़म से बेख़बर होते गये
रास्ता चलते गये और मो'तबर होते गये

इक जुनूँ तारी रहा और दिन बसर होते गये
ज़िन्दगी के मरहले सब ख़ुद ही सर होते गये

आँधियों के सिलसिले जब तेज़ तर होते गये
आँधियों से डरने वाले, बेख़तर होते गये

कारवाँ पर सानहे भी किस क़दर होते गये
रहज़नों के साथ शामिल राहबर होते गये

धीरे धीरे दश्तो–दरिया पार करना आगया
धीरे धीरे फ़ासले भी मुख़्तसर होते गये

रौशनी अन्दर तो थी जो रौशनी बाहर न थी
फिर हमें सब वाहमे क्यों रात भर होते गये

दिल की बातें ही अजब हैं हमसे कुछ मत पूछिए
आप दिल में क्या बसे हम दरबदर होते गये

इश्क़ कैसा मो'जज़ा है क्या बतायें हम 'हिलाल'
कैसे कैसे काम इसके नाम पर होते गये

19 फ़रवरी 2018

सारे ही काम मुनहसिर होते हैं दौरे जाम पर

सारे ही काम मुनहसिर होते हैं दौरे जाम पर
ठहरेगा दिल का दर्द जब निकलेंगे हम भी काम पर

ढूँढ़े अलग ही रास्ते पहुँचे अलग मुक़ाम पर
ऐसे कहाँ थे हम भला चलते जो राहे आम पर

भेजा पयाम उसने इक लिख के हमारे नाम पर
बनती गयीं कहानियाँ भेजे हुए पयाम पर

हमको न भूल पाओगे, बिछड़े तो लौट आओगे
कितना यक़ीन था हमें अपने ख़याले ख़ाम पर

वो जो चला गया कहीं वो था अजीब आदमी
कितनी दुआयें दीं मुझे उसने मिरे सलाम पर

नामों से खेल मत करो, नामों के तेज से डरो
लोगों पे इस क़दर सितम, और वो भी राम नाम पर

आँखों में इक चमक सी है साँसों में भी महक सी है
लगता है जैसे आज शब उतरेगा चाँद बाम पर

पढ़ते हैं शे'र आप तो देते हैं दाद हम 'हिलाल'
लफ़्ज़ों के इल्तज़ाम पर, लहजे के एहतमाम पर

19 मार्च 2018

जिनकी आँखों में इक ख़्वाब ज़िन्दा रहा हम वही लोग हैं

जिनकी आँखों में इक ख़्वाब ज़िन्दा रहा हम वही लोग हैं
रोक सकते नहीं जिनका तुम रास्ता हम वही लोग हैं

भूलते जो नहीं वक़्त गुज़रा हुआ हम वही लोग हैं
दोस्ती जिनसे थी मुड़ के देखो ज़रा हम वही लोग हैं

तंज़ तुम क्यों करो, ठीक तुमने कहा हम वही लोग हैं
जीत लेते हैं जो खेल हारा हुआ हम वही लोग हैं

तीर आते रहे ज़ख़्म खाते रहे तुम सताते रहे
फिर भी जिनको नहीं कोई शिकवा गिला हम वही लोग हैं

रास्ते थे अजब मंज़िलें थीं अजब जिनको होता रहा
इस घड़ी इक यक़ीं उस घड़ी वाहेमा हम वही लोग हैं

आते जाते यहाँ लोग तो हैं मगर कोई पूछे अगर
जिनसे चलता रहा इश्क़ का सिलसिला हम वही लोग हैं

सब करम हम पे थे, बरकतें हम पे थीं, रहमतें हम पे थीं
फिर ये क्या हो गया, ऐ ख़ुदा ऐ ख़ुदा हम वही लोग हैं

तुम तो चुप हो गये कोई शे'र अब पढ़ो, कुछ 'हिलाल' अब कहो
जिनसे दिन रात का तुम को था वास्ता हम वही लोग हैं

30 मार्च 2018

जबकि हमारे हाथ में तीरो-कमान कुछ नहीं

जबकि हमारे हाथ में तीरो–कमान कुछ नहीं
हम पर चले हैं तीर जो उनका बयान कुछ नहीं

बदला हुआ है अब समाँ, अब तो चमन को लौट आ
हम पे ख़िज़ाँ जो आयी थी उसका निशान कुछ नहीं

हाथों में तेरा हाथ था, तू जो हमारे साथ था
था तो सफर तवील पर हुई थकान कुछ नहीं

मानी नहीं थी हार जब दरिया किया था पार जब
दिल में फ़क़त यक़ीन था वह मो–गुमान कुछ नहीं

देखा जो तुझको पास तो, लौटी है फिर से ज़िन्दगी
वरना तो इस मरीज़ में बाक़ी थी जान कुछ नहीं

रक्खे हुए हैं ताक़ पर मीर–ओ–नज़ीर–ओ–मुसहफ़ी
अह्लेज़बान के यहाँ ज़ौके़–ज़बान कुछ नहीं

आगे बढ़ेगी क़ौम क्या अब ये करेगी क़ौम क्या
विर्दे कुरान है बहुत, इल्मे कुरान कुछ नहीं

अज़्मे वफ़ा किधर गया दिल की तड़प को क्या हुआ
कहने को तुझसे बात अब जाने जहान कुछ नहीं

ये तो कमाले–इश्क़ है, सुनते हैं लोग आपको
वर्ना हिलाल आपका तर्ज़े–बयान कुछ नहीं

27 मई 2018

सर में जुनून दिल में सदाक़त तो है नहीं

सर में जुनून दिल में सदाक़त तो है नहीं
वर्ना ये कारे–इश्क़ मुसीबत तो है नहीं

सच है किसी भी वस्फ़ की क़िल्लत तो है नहीं
लेकिन वो हुस्न वो क़दो–क़ामत तो है नहीं

करता है शेख़ जो वो इबादत तो है नहीं
दिल में हवस भरी है मुहब्बत तो है नहीं

ज़ालिम को रहम खाने की आदत तो है नहीं
वरना हमें भी शौक़े–बग़ावत तो है नहीं

अच्छी कुछ अपने शहर की हालत तो है नहीं
जो शान उसकी थी वो सलामत तो है नहीं

माने वो मेरी बात ये क़िस्मत तो है नहीं
कहता हूँ सच कि झूठ की आदत तो है नहीं

इक्कीसवीं सदी के हम आज़ाद लोग हैं
हम पे किसी की फ़र्ज़ इताअत तो है नहीं

आना ज़रा सी देर को जाना कहीं को और
आँखों का है फ़रेब हक़ीक़त तो है नहीं

क़दमों को फूँक फूँक के रखते हैं आप जो
ये इश्क़ है जनाब सियासत तो है नहीं

हमसे वफ़ा की आपको उम्मीद किस क़दर
हम पे मगर जो थी वो इनायत तो है नहीं

किस बात पर बताइए हैरान हो गये
अब कोई बात क़ाबिले हैरत तो है नहीं

आज़ाद फ़िक्र लोग भी शामिल हैं रिन्द भी
इस्लाम मौलवी की रियासत तो है नहीं

सुनकर बयान शैख़ का लगता है ये हमें
फ़िरदौस इस ज़मीं से ग़नीमत तो है नहीं

फिर आ गये हो दाम में समझे थे हम 'हिलाल'
अब तुम में इश्क़ विश्क़ की हिम्मत तो है नहीं

11 अगस्त 2018

हमने निराली तर्ज़ निकाली अगर तो क्या

हमने निराली तर्ज़ निकाली अगर तो क्या
लोगों ने वो ही तर्ज़ चुरा ली अगर तो क्या

देते न थे किसी को भी गाली अगर तो क्या
कमज़र्फ़ निकली दुनिया ही साली अगर तो क्या

मिंबर पे आयें हज़रते–आली अगर तो क्या
दरअस्ल हों वो अक़्ल से ख़ाली अगर तो क्या

मरता है रोज़ बाग़ का माली अगर तो क्या
करती है गाय ख़ूब जुगाली अगर तो क्या

मेहनत की कुछ कमाई बचा ली अगर तो क्या
अब हो गये वो नोट ही जाली अगर तो क्या

दर पर किसी के और तो रक्खा नहीं चराग़
तुमने मना ली रोज़ दिवाली अगर तो क्या

ये तो शबे–विसाल है आये न आये फिर
गुम हो गयी है कान की बाली अगर तो क्या

बातें तमाम आपकी अच्छी लगी हमें
निकली हर एक बात ख़याली अगर तो क्या

आता है जो भी वक़्त वो जाता भी है मियाँ
सर पर हमारे रात है काली अगर तो क्या

हम तो नमाज़ पढ़ के ही मस्जिद से जायेंगे
मुल्ला ने जा'नमाज़ उठा ली अगर तो क्या

करना है जो भी काम वो करते रहो 'हिलाल'
कहते हैं तुमको लोग वबाली अगर तो क्या

16 सितम्बर 2018

जैसे ये भी फ़क़त इक तमाशा हुआ, लोग देखा किये

जैसे ये भी फ़क़त इक तमाशा हुआ, लोग देखा किये
आग लगती रही, शह्र जलता रहा लोग देखा किये

सच पे हावी हुआ झूट का सिलसिला लोग देखा किये
कोई शिकवा गिला कब किसी ने किया लोग देखा किये

बात कहनी थी जो कैसे कहते भला लोग देखा किये
बोलबाला सितमगर का होता रहा लोग देखा किये

किस पे बनवास था कौन सूली चढ़ा लोग देखा किये
बुझ गयी तिशनगी हो चुकी करबला लोग देखा किये

हिम्मतें थीं कहाँ ज़ुर्रतें थीं कहाँ बढ़ के रोका नहीं
खुद ही सुक़रात को ज़हर पीना पड़ा लोग देखा किये

हाथ जोड़े हुए सर झुकाये हुए नाम जपते रहे
इतना पूजा के बन्दा खुदा बन गया लोग देखा किये

आयी कैसी घड़ी क्यों वतन पर हमारे ये बिपता पड़ी
ज़ुल्म बढ़ता गया क़त्ल होता रहा लोग देखा किये

ऐसा जादू हुआ होश जाते रहे धुंद छाने लगी
देखना था बहोत कुछ न कुछ भी दिखा लोग देखा किये

हम से पूछे कोई क्या कमाल आपका हम ने देखा 'हिलाल'
शेर पढ़ते गये नक़्श बनता गया लोग देखा किये

25 अप्रैल 2019

वतन छूटा मगर उसकी कहानी जब सुनाते हैं

वतन छूटा मगर उसकी कहानी जब सुनाते हैं
कभी हम मुस्कुराते हैं कभी आँसू बहाते हैं

क़लन्दर तो क़लन्दर हैं करिश्मे वो दिखाते हैं
छुपाता है ज़माना जो वही बातें बताते हैं

मुसलमाँ हैं तो हैरत क्या जो हम मैख़ाने जाते हैं
हमारे दोस्त हैं हिन्दू मगर वो बीफ़ खाते हैं

यही मुल्ला, यही पण्डित, यही नेता, यही लीडर
यही तो ख़ून पीते हैं, यही तो ज़ुल्म ढाते हैं

मोहल्ले का जवाँ लड़का पटाखा बन के फटता है
दिवाली तुम मनाते हो न ईदें हम मनाते हैं

मुहब्बत ही दिलासा है, मुहब्बत ही मदावा है
मुहब्बत ही की राहों में मगर पत्थर भी आते हैं

अरे अब यूँ न ग़म खाओ, हिलाल इतना न घबराओ
जो पहले चोट खाते हैं, वो अक्सर जीत जाते हैं

31 अगस्त 2019

था अजब रास्ता और क्या

था अजब रास्ता और क्या
हो गया तजरबा और क्या

उन से कहते भला और क्या
कह दिया शुक्रिया और क्या

वक़्त का फेर था और क्या
देर तक दिल दुखा और क्या

किस से करते गिला और क्यों
कुछ न हम ने कहा और क्या

हम सुख़न कोई था ही नहीं
ख़ुद कहा ख़ुद सुना और क्या

पस्ता क़द लोग थे हर तरफ़
कर लिया दिल बड़ा और क्या

पूछिए शाम ए ग़म क्या किया
या ख़ुदा, या ख़ुदा! और क्या

उम्र भर देखते देखते
आ गया देखना और क्या

इश्क़ से बच रहे थे बहुत
इश्क़ फिर हो गया और क्या

मुज़महिल आप क्यों हैं हिलाल
जो हुआ सो हुआ और क्या

28 अगस्त 2019

जो दिल चाहे न कह पाए बग़ावत तब ज़रूरी है

जो दिल चाहे न कह पाये बग़ावत तब ज़रूरी है
सितम जब हद से बढ़ जाये बग़ावत तब ज़रूरी है

जब अपने पैर के नीचे गुलों को रौंदने वाला
चमन में नाज़ दिखलाये बग़ावत तब ज़रूरी है

जो तुम ख़ामोश बैठे हो तुम्हें क्या ये नहीं मालूम
कि जब इन्साफ़ मिट जाये बग़ावत तब ज़रूरी है

किसी रंगीन पगड़ी का बहोत ऊँचा सा जब तुर्रा
कोई मग़रूर लहराये बग़ावत तब ज़रूरी है

यही गीता ने सिखलाया यही क़ुरआँ ने बतलाया
हुकूमत ज़ुल्म जब ढाये बग़ावत तब ज़रूरी है

किसी मासूम नगरी में कोई शैतान सा शातिर
ख़ुदा बन कर जब इतराये बग़ावत तब ज़रूरी है

हिलाल अब चुप नहीं रहना कोई पूछे तो ये कहना
जब इतनी बात बढ़ जाये बग़ावत तब ज़रूरी है

29 अक्टूबर 2019

अच्छा अच्छा मान लिया अब जाना है तो जाओगे

अच्छा अच्छा मान लिया अब जाना है तो जाओगे
लेकिन हमको ये तो बता दो लौट के तुम कब आओगे

इश्क़ हमारा इमां भी है, इश्क़ हमारा मज़हब भी
हमको प्रीत सिखाओगे क्या हमको पाठ पढ़ाओगे

मस्जिद से तुम सहमे सहमे मैख़ाने में आये हो
मुल्ला जी दो घूँट पिओगे या हमको पिलवाओगे

अपनी गुफ़ा से बाहर आओ नफ़रत वफ़रत छोड़ो यार
वरना दाढ़ी बढ़ जायेगी बिन लादिन कहलाओगे

इनकी तरफ़ तो देख चुके हो उनकी तरफ़ भी देखो अब
दोनों तरफ़ जब देखोगे तो हैरत में पड़ जाओगे

साइंस का चक्कर छोड़ के भैया शाखा वाखा खोलो अब
नाम तुम्हारा भक्त जपेंगे जब टीवी पर आओगे

कलयुग में तुम चल पाये जो दुर्योधन सी चाल
पगड़ी बाँधे राज करोगे सैल्फ़ी भी खिंचवाओगे

शेर हिलाल के सुन लो लेकिन मिलना जुलना छोड़ ही दो
पास जो उनके बैठोगे तो उन जैसे हो जाओगे

उन्हें साथ साथ करेंगे तै, वो जो फ़ासले अभी आएँगे

उन्हें साथ साथ करेंगे तै, वो जो फ़ासले अभी आएँगे
कई रास्तों से गुज़र चुके, कई रास्ते अभी आएँगे

नयी रौशनी अभी आयेगी, नये ज़ाविये अभी आएँगे
इन्ही मुंसिफ़ों की ज़ुबान पर नये फ़ैसले अभी आएँगे

जो रवाँ दवाँ मिली रहगुज़र, तो पता चला इसे देख कर
कई क़ाफ़ले अभी जाएँगे कई क़ाफ़ले अभी आएँगे

ज़रा दिल को थाम के बैठिये, ज़रा आप सब्र तो कीजिए
अभी दास्ताँ की है इब्तिदा, बड़े वाक़िये अभी आएँगे

जो मुसीबतों का है वक़्त तो ज़रा ऐतमाद से काम लो
कि तुम्हारे दिल की फ़सील पर कई वाहेमे अभी आएँगे

है ये शाम शामे ग़ज़ल मियाँ, जो यहाँ हुनर वो हुनर कहाँ
जिन्हें सुन के सर को धुनोगे तुम वो भी क़ाफ़िये अभी आएँगे

मेरा यार भी है कमाल का सुनी बात मेरी तो यूँ कहा
ये तो इश्क़ का है मुआमला, बड़े मसअले अभी आएँगे

मेरी जुस्तुजू है अज़ीमतर, न किसी का ख़ौफ़ न कोई डर
मैं करूँगा ख़ुद ही उन्हें भी सर, वो जो मरहले अभी आएँगे

सभी दाग़ दिल के दिखाओगे, कि उन्हें न कुछ भी बताओगे
ज़रा तुम हिलाल ये सोच लो कि वो सामने अभी आएँगे

पुरानी कहानी में फिर ताज़गी है

पुरानी कहानी में फिर ताज़गी है
नयी दिलरुबाई, नयी आशिक़ी है

कभी जो लगा है कि मुश्किल बड़ी है
ज़रा देर में राह ख़ुद बन गयी है

वो दुनिया जो हम तक न आयी कभी है
उसे है ये दावा हमें जानती है

इसी राज़ को तो समझना है मुश्किल
कहाँ है अँधेरा, कहाँ रौशनी है

हदों से गुज़रने को दिल चाहता है
मगर अक़्ल रस्ते को रोके खड़ी है

नया था तमाशा तो आँखें गाड़ी थीं
नज़र अब मगर कुछ भटकने लगी है

कहाँ उसको देखें, कहाँ उसको ढूँढें
कोई चीज़ है जो कहीं खो गयी है

हिलाल उनसे एक दिन मिलाओ तो हम को
वो जिनसे तुम्हारी बड़ी दोस्ती है

20 जून 2020

दुशवार-गुज़ार हो रस्ता तो, कुछ आराम भी लेते हैं

दुशवार–गुज़ार हो रस्ता तो, कुछ आराम भी लेते हैं
उन होंठों से, उन आँखों से हम पैग़ाम भी लेते हैं

तुझ पर जान छिड़कते हैं ओर तेरा नाम भी लेते हैं
दुनिया भर से बग़ावत का फिर हम इलज़ाम भी लेते हैं

रंग में महफ़िल आ जाये जब उनकी मंज़िल आ जाये
राहे जुनूँ पर चलने वाले तब इनआम भी लेते हैं

लगता है इस बस्ती में कुछ ऐसे लोग भी बसते हैं
जो रावण के हैं हामी और राम का नाम भी लेते हैं

अफ़सोस कि इन बाज़ारों में सिक्का उनका चलता है
खोटा माल जो देते हैं और ऊँचे दाम भी लेते हैं

ख़्वाबों के दरया की जब लहरें ऊँची होती हैं
दिल को छोड़ भी देते हैं हम, दिल को थाम भी लेते हैं

मन्दिर, मस्जिद जाना तो बस इक अन्दाज़ पुराना है
हम तो इबादत करते हैं और हाथ में जाम भी लेते हैं

यूँ दर्द हिलाल अब सहना क्या, इश्क़ में डूबे रहना क्या
होश की बातें करते हैं कुछ अक़्ल से काम भी लेते हैं

23 जून 2020

ख़ुद वक़्त रस्ता दिखा रहा है, जो राज़ है वो बता रहा है

ख़ुद वक़्त रस्ता दिखा रहा है, जो राज़ है वो बता रहा है
सीखोगे उससे जो जा चुका तो समझोगे उसको जो आ रहा है

है इस तमाशे में जो भी शामिल वैसा ही करतब दिखा रहा है
कुछ दूर बैठा हुआ मदारी जैसा कि डमरू बजा रहा है

है दिल का छोटा इसीलिए तो सीने को चौड़ा बता रहा है
सब लोग ताली बजा रहे हैं वो झूठे क़िस्से सुना रहा है

हैं शौक़ सब के अलग यहाँ पर, ऐमाल सब के अलग–अलग हैं
कोई दीयों को जला रहा है, कोई दीयों को बुझा रहा है

इनआम का तो नहीं हूँ तालिब, मैं ख़ुश हूँ इस पर कि मेरा नग़मा
जाते हुओं को बुला रहा है, सोते हुओं को जगा रहा है

जो सबसे पहले हुआ था अफ़्शाँ, जो सबसे पहले लगा था दिल पर
वो ज़ख़्म एकदम हरा है अब भी, वो मुझको अब तक सता रहा है

ऐसे हिलाल अब बने हुए हो, कुछ ढोंग ऐसा रचे हुए हो
जैसे कि पैग़ाम मिल चुका है, जैसे कि इलहाम आ रहा है

15 जुलाई 2020

वो पहली जैसी फ़िज़ा नहीं है, जो थी वो आब-ओ-हवा नहीं है

वो पहली जैसी फ़िज़ा नहीं है, जो थी वो आब–ओ–हवा नहीं है
बदल गया है वतन में सब कुछ, वहाँ तो कुछ भी बचा नहीं है

ख़ुदा जो ख़ुद को समझ रहे हैं उन्हें अभी ये पता नहीं है
कोई नहीं है किसी से छोटा, कोई किसी से बड़ा नहीं है

जो माँगते थे मिला नहीं है, जो चाहते थे हुआ नहीं है
तभी तो तुझसे ये कह रहे हैं कि तू हमारा ख़ुदा नहीं है

वो जिस पे इल्ज़ाम सब लगाये, सितम भी जिस पर हज़ार ढाये
वो हाथ अब तक उठा हुआ है, वो सर भी अब तक झुका नहीं है

लड़ाई जिससे हुई बहुत थी, बुराई जिसकी सुनी बहुत थी
क़रीब आया तो हमने पाया कि आदमी वो बुरा नहीं है

ज़माने भर से उसे छुपाया, तबीब तक को नहीं दिखाया
ये राज़ फिर भी हुआ नुमायाँ कि ज़ख़्म अब तक भरा नहीं है

है मोड़ ऐसा ही आने वाला, न होगा कोई बताने वाला
कहाँ पे रस्ता खुला हुआ है, कहाँ पे रस्ता खुला नहीं है

हर एक लम्हा, हर एक लहजा, हर एक बस्ती, हर एक सहरा
हिलाल उस को ही ढूँढ़ते हैं, हमें जो अब तक मिला नहीं है

01 अगस्त 2020

उट्ठा बहुत वबाल मगर कुछ नहीं हुआ

उट्ठा बहुत वबाल मगर कुछ नहीं हुआ
होना था एक कमाल मगर कुछ नहीं हुआ

सब कह दिया था हाल मगर कुछ नहीं हुआ
इस पर हमें मलाल मगर कुछ नहीं हुआ

गुज़रे तो माह–ओ–साल मगर कुछ नहीं हुआ
हम हो गये निढाल मगर कुछ नहीं हुआ

लाज़िम था हर सवाल पे मिलना जवाब का
करते रहे सवाल मगर कुछ नहीं हुआ

हैरत की बात है कि सभी का हुआ ख़याल
तुम को मिरा ख़याल मगर कुछ नहीं हुआ

हर सू शब–ए–फ़िराक़ के टलने की बात थी
होना तो था विसाल मगर कुछ नहीं हुआ

सुनते थे हो ज़वाल तो आता भी है उरूज़
होता रहा ज़वाल मगर कुछ नहीं हुआ

सब कुछ यहाँ पे होना था तेरे करम के साथ
ऐ रब्बे–ज़ुल–जलाल मगर कुछ नहीं हुआ

हम ने कमाया ख़ूब, लुटाया भी उम्र भर
वहशत का इन्देमाल मगर कुछ नहीं हुआ

कहते न दिल की बात तो होना कहाँ था कुछ
कह कर भी तो हिलाल मगर कुछ नहीं हुआ

19 अगस्त 2020

देखो कि हमारी भी तो है शान ख़ुसूसी

(ख़ुसूसी = Special/Chief)

(इस ग़ज़ल के पहले चार अशार मौजूदा हालात पर हैं। शे'र नम्बर 1 और 2 क़िता बन्द हैं (यानी एक दूसरे से जुड़े हुए हैं)। शे'र नम्बर 3 और 4 भी क़िता बन्द हैं। बाकी अशार अलग–अलग topics पर हैं जैसे के ग़ज़ल में आमतौर से होते हैं।)

देखो कि हमारी भी तो है शान ख़ुसूसी
क़ातिल को बना देते हैं मेहमान ख़ुसूसी

उम्मीद यही है कि सिला कुछ तो मिलेगा
लिक्खेंगे ख़ुशामद में जो दीवान ख़ुसूसी

हाकिम की सुनो बात वबा फैल रही है
हर रोज़ हुआ करता है ऐलान ख़ुसूसी

सबकी है ज़ुबाँ बन्द, सभी सोच रहे हैं
सच कहते ही आ जाये, न फ़रमान ख़ुसूसी

पड़ती है कभी उनको भी कहने की ज़रूरत
दिल में जो बसे होते हैं अरमान ख़ुसूसी

ज़ाहिद से मिलें आप मगर इतना समझ लें
देता है तवज्जे उसे शैतान ख़ुसूसी

देखो तो दिखे और जो ढूँढो तो मिले भी
हर इक की कोई होती है पहचान ख़ुसूसी

कुछ दिल में हिलाल आपके हलचल तो हुई थी
जब उसने कहा आप हैं इन्सान ख़ुसूसी

21 दिसम्बर 2020

सीधी सच्ची नज़्में

उर्दू नज़्म क्या है

आइए अब उर्दू शाइरी की दूसरी सिन्फ़ यानी 'नज़्म' की बात करते हैं। दो बातें समझने की हैं। एक तो यह कि नज़्म जैसा कि पहले कहा जा चुका है अमूमन एक थीम को लेकर लिखी जाती है और उसके अश्आर एक–दूसरे से जुड़कर एक तसलसुल (linkage) और continuity क़ायम करते हैं। दूसरे यह कि ग़ज़ल के बरअक्स (Contrast) नज़्म किसी ख़ास ढाँचे की मोहताज नहीं होती। सच तो ये है कि नज़्म का दायरा बहुत ही बड़ा है और उसकी कई शक्लें हो सकती हैं। आसानी के लिए हमने नज़्म के अन्दर पाये जानेवाले शे'री इन्तज़ाम के मुताबिक़ उसकी किस्में बयान करने की कोशिश की है और ज़्यादा तफ़सीलात में जाने के बजाय मिसालों से काम लिया है:

(1) पाबन्द नज़्म (Conventional Poems) : इस ग्रुप में हम उन नज़्मों को रखते हैं जिनमें सारे मिस्रे बराबर और एक ही बह्र में होते हैं और रदीफ़ और क़ाफ़िए का कुछ–न–कुछ निज़ाम यानी ऑर्डर या अरेंजमेंट ज़रूर मिलता है। इसकी मुख़तलिफ शक्लें हो सकती हैं। इस ग्रुप में उर्दू के पुराने शाइरों की बेशतर नज़्में, मसनवियाँ, क़सीदे, मर्सिए और दूसरी तरह की पाबन्द नज़्में शामिल हैं। पाबन्द नज़्मों का अपना एक हुस्न होता है। उर्दू की कई मशहूर नज़्में जैसे नज़ीर का बंजारानामा, हाली की मुसद्दस और इक़बाल का शिकवा इसकी मिसालें हैं। पाबन्द नज़्म आज भी लिखी जा रही है। इस किताब में शामिल 'वो कौन है वाक़ई', 'है दूर अभी मंज़िल' और 'बर्थडे ग्रीटिंग्ज़' वग़ैरह ऐसी ही नज़्में हैं।

(2) नज़्म–ए–मुअर्रा (Blank verse) : नज़्म–ए–मुअर्रा उर्दू में अंग्रेज़ी शाइरी के असर से आयी। यह नज़्म की वो क़िस्म है जिसमें बह्र तो होती है और मिस्रे भी बराबर होते हैं लेकिन क़ाफ़िये और रदीफ़ की कोई तयशुदा पाबन्दी नहीं होती। इस किताब में सफ़हा 218 पे शामिल नज़्म 'चहरे' इसकी मिसाल है।

(3) आज़ाद नज़्म (Free verse) : उर्दू में आज़ाद नज़्म भी अंग्रेज़ी शाइरी के असर से आयी। लेकिन उर्दू में आज़ाद नज़्म भी मुकम्मल तौर पर आज़ाद नहीं होती। इसके मिस्रे तो छोटे बड़े हो सकते हैं लेकिन नज़्म के अन्दर एक रिद्म होता है जो किसी बह्र (अरकान) की तकरार यानी Repetition से बनता है। इस किताब में सफ़हा 180 पर शामिल नज़्म 'अभी तो जंग जारी है' आज़ाद नज़्म की एक मिसाल है।

(4) नस्री नज़्म (Prose Poetry) : उर्दू में कुछ नस्री नज़्में भी लिखी गयी हैं। इन नज़्मों में बह्र वगैरह की कोई पाबन्दी नहीं रखी जाती और इस ऐतबार से ये नस्र यानी प्रोज़ की तरह होती है लेकिन ख़याल और उसका इज़हार सीधा नहीं बल्कि शाइराना होता है। इस किताब में सफहा 203 पर शामिल नज़्म 'याद' इस सिन्फ़ की एक मिसाल है।

नज़्मों की कुछ और क़िस्में भी हो सकती हैं जैसे हाइकू, तरालिये वग़ैरह जो हमारी शाइरी में निस्बतन (comparatively) नये हैं उनको भी मुख़्तसर नज़्में कहा जा सकता है। लेकिन क्योंकि बहस तवील हो रही है इसलिए बात को यहीं ख़त्म कीजिए और कुछ नज़्में मुलाहिज़ा फ़रमाइए।

वो ही आदमी

Scene–1

हर रोज़ देखता था मैं उसको आते जाते
पहने लेदर का जैकेट और इक फटी पुरानी
सी जीन्स रैंगलर की
इक कान में था बुन्दा
इक हाथ में कड़ा था
शाने पे उसने अपने
कॉलेज़ के ख़ूबसूरत
लड़के के नाम का इक
टैटू गुदा लिया था
कुछ देर इस सड़क पर
कुछ देर उस सड़क पर
सिग्रेट में भर के लेता
दो चार कश चरस के
फिर शोर सा मचाता
हर शख़्स को बुलाता
कुछ लोग आ ही जाते
और उसकी हरकतों पर
जब तालियाँ बजाते
तब मौज में कुछ आकर
बाजू हिलाहिलाकर

वो बार–बार कहता...
'ठोकर पे मेरी सालो रक्खी है सारी दुनिया'
'ठोकर पे मेरी सालो रक्खी है सारी दुनिया'

Scene–2

बरसों के बाद उसको जो अब के बार देखा
तो रंग भी जुदा था और ढंग भी अलग थे
पहना हुआ था उसने
लम्बा सा इक कुर्ता
ऊँचा सा पायजामा
मूँछें कटा के छोटी
दाढ़ी बढ़ा के लम्बी
गंजा किये था सर को
पहने था गोल टोपी
और उँगलियों से दाने
तस्बीह के घुमाता
माइक के सामने इक
स्टेज पर खड़ा वो
पढ़ पढ़ कर कुछ हदीसें
कुछ आयतें कुराँ की
मज़हब के मसअलों पर
दाढ़ी हिला–हिला कर तक़रीर कर रहा था!!

इक भीड़ थी इकट्ठा
सब उसका नाम लेकर
ताली बजा रहे थे
नारे लगा रहे थे

वो मुस्कुरा रहा था
जैसे कि कह रहा हो...
'मुट्ठी में देखो सालो आयी है कैसे दुनिया!'
'मुट्ठी में देखो सालो आयी है कैसे दुनिया!!'

जुलाई 2006

अभी तो जंग जारी है

ज़रा क़तरे लहू के जो हमारे जिस्म पर देखे
तो अपनी फ़तह का ऐलान कर डाला
हमें तो नाज़ था तुम पर
ज़माने के मिसाली दुश्मनों का
ज़िक्र छिड़ता था
तो हम ख़ुद भी
सरे फ़ेहरिस्त
तुम्हारा नाम रखते थे...

मगर तुमने
ज़रा क़तरे लहू के बस हमारे जिस्म पर देखे
और अपनी फ़तह का ऐलान कर डाला

घड़ी भर ये नहीं सोचा
पुरानी दोस्ती और दुश्मनी से
अपने दामन को बचाना
इस क़द्र आसाँ नहीं होता

ज़रा तुम ग़ौर से देखो
अभी तक कुछ नहीं बदला...
अभी तुम भी सलामत हो
लहू के एक दो क़तरे

छलक आये तो हैं लेकिन
हमारी भी
अभी साँसें नहीं टूटीं
अभी से फ़तह का ऐलान कर देना है नादानी...
अभी तो जंग जारी है!!

फ़रवरी 2002

कलयुग का बनवास

(एम.एफ.हुसैन के लिए एक नज़्म)

उस साजन की बिपता सुनकर
होवे प्रीत निरास
ऐसा कपट ने खेल रचाया
उसको मिला बनवास

आशिक़ था मजबूर
घर वाले जब जान को आये
जाके बसा वो दूर

दिल भी अपना घर में छोड़ा, घर में छोड़ी खड़ाऊँ
बस्ती बस्ती जंगल जंगल घूमा नंगे पाऊँ

लाज़िम था उसको बुलाते
और लौट के जब वो आता
राहों में फूल बिछाते
ख़ुशियों के दीप जलाते

पर होना था अन्धेर
इतनी कर दी देर

रंगों का फ़नकार
छोड़ गया संसार

छोड़ गया संसार वो लेकिन हमको हुआ एहसास
राम के युग से कितना अलग है कलयुग का बनवास

3 जुलाई 2011

अल्बर्ट पिंटो को ग़ुस्सा क्यों आता है?

(इसी नाम की फ़िल्म से मुतअस्सिर होकर कही गयी एक पर्सनल नज़्म)

"ज़रा सी बात पर झगड़ा
ज़रा सी देर में ग़ुस्सा
जुनूँ सारे ज़माने को हराने का
तलब हर एक को नीचा दिखाने की
हवस हर चीज़ को अपना बनाने का

न मेहर–ओ–नाज़ की बातें
न वो ख़्वाबों भरी रातें
न कोई इश्क़ का दावा
गिला कोई न कुछ शिकवा

न होटों पर कोई नग़मा
न आँखों में है अब वो प्यार"
....

चलो मैं मान लेता हूँ
जो तुम इसरार करती हो
कि मैं अब वो नहीं हूँ जो
रसीले गीत गाता था

फ़िज़ा जिन से महकती थी
सबा जिनसे बहकती थी

सभी इल्ज़ाम मेरे सर
पे रखने से मगर पहले
कभी तुम ये भी तो सोचो
मिरे अन्दर
ये तब्दीली जो आयी तो
भला इसका सबब क्या है?!

1985

Only Light Talk Please!

तुम भी कितनी अच्छी हो
मुझसे मिलने आयी हो
अब जो मिलने आयी हो
तो फिर हँस लें बोलें कुछ
दुनियावी कुछ बातें हों
जिनसे थोड़ा वक़्त कटे

"मौसम कितना अच्छा है?
अख़बारों में क्या ख़बरें हैं?
राजीव की तक़रीर थी कैसी?
पंजाब में हंगामा क्या है?
तुमने कौन सी मूवी देखी?
उसमें किसका रोल था अच्छा?
लोग जो खाकर चोटें आये
मैंने उनको क्या समझाया?
कैसे सब का दर्द मिटाया?
भारी फ़ाइल क्यों रखती हो?
क्या क्या लिखना पड़ता है?"

जिस क़िस्से को चाहो छेड़ो
जिस उक़्दे को चाहो खोलो

जिस मजमूँ पर चाहो बोलो
लेकिन इतना ध्यान रहे
अरमानों का नाम न आये
आँखों से पैग़ाम न आये
जज़्बों की बरसात न हो
बीते दिनों की बात न हो!

मार्च 1987

होली

होली के मौक़े पर वॉट्सऐप की एक पोस्ट से मुतास्सिर होकर लिखी गयी नज़्म

होली आयी होली आयी
गुजिया खाना, दिए जलाना

भंग मत पीना!

मैंने पी है
चढ़ जाती है!

मैरी क्रिस्मस
अल्लाह हु अकबर
हैप्पी बर्थडे!!

ही ही ही ही
हो हो हो हो
हा हा हा हा

मार्च 2018

दुनिया

दुनिया के कितने चेहरे हैं
दुनिया की कितनी तस्वीरें
दुनिया के फूल चुराता हूँ
दुनिया के पत्थर खाता हूँ
यही दुनिया मेरी दोस्त भी है
यही दुनिया मेरी दुश्मन भी!!

28 फ़रवरी 1987

है दूर मेरी मंज़िल...

रॉबर्ट फ्रॉस्ट की मशहूर नज़्म "Stopping by woods an a snowy evening"
का मन्ज़ूम तर्जुमा

मालूम है मुझको ये जंगल है घना किसका
कुछ दूर ही बस्ती में शायद है मकाँ उसका
क्या उसको ख़बर होगी मैं आज यहाँ ठहरा
और बर्फ़ की चादर में पेड़ों को सजा देखा

मासूम मिरा घोड़ा ख़दशों में घिरा होगा
'बस्ती है न घर कोई?!' ये सोच रहा होगा
तारीक बयाबाँ में इक झील की सरहद पर
इस तरह से रुक जाना इसको न जँचा होगा

बेचारा तफ़क्कुर से गरदन को हिलाता है
माथे पे सजे हैं जो, घुँघरू वो बजाता है
कुछ और सदा जो है उस दस्ते–हवा की है
जो बर्फ़ के कोहरे को हलके से उड़ाता है

दिलकश है बड़ा जंगल, मंज़र भी सुहाना है
मुझको तो मगर अपना पैमान निभाना है
पुरकैफ़ नज़ारों से आँखों को बचाना है
है दूर मेरी मंज़िल क़दमों को बढ़ाना है
है दूर मेरी मंज़िल क़दमों को बढ़ाना है

1985

नज़्म

गर वो कोई दुश्मन होता
उसका घर मदफ़न होता
लेकिन जिसने
पीछे से
पीठ पे मेरी वार किया
वो निकला एक यार पुराना

कैसे उससे बदला लूँ मैं
कैसे उस पे तीर चलाऊँ
उसको चोट लगेगी तब भी
दुख मुझ ही को होएगा

22 फ़रवरी 1987

वो कौन है कि वाक़ई 'ए-वन' जिसे कहें?!

(ये light hearted नज़्म दिलावर फ़िगार की नज़्म 'शाइरे आज़म' से मुतास्सिर होकर अपने सीनियर और शफ़ीक़ दोस्त डाक्टर याफ़िज़ अली सब्ज़पोश के उकसाने पर तालिब–ए–इलमी के ज़माने में लिखी थी। नज़्म में अलीगढ़ मेडिकल कॉलेज के कई ऐसे उस्तादों के नाम शामिल हैं जिनका मैं बहुत एहतराम करता हूँ। यक़ीन है वो बुरा न मानेंगे। किसी का दिल दुखाना मेरा मक़सद नहीं!)

कल शाम एक साहिबे–दानिश मिले हमें
कहने लगे कि आओ ज़रा गुफ़्तगू करें

छिड़ने लगी ये बात कि इस हस्पताल में
वो कौन है कि वाक़ई 'ए–वन' जिसे कहें

मैंने कहा शुमार में सबको ही लीजिए
बोले जो कुछ भी चाहिए वो आप कीजिए

मैंने कहा कि कैसे रहेंगे अशोक बल
बोले कि ख़ौफ़नाक हैं चेहरे से जाँ गुसल

मैंने कहा कि तेग़ में मेंहदी की धार है
बोले कि उन पे इल्म का सौदा सवार है

मैंने कहा नसीम तो बोले 'विलायती!'
मैंने कहा ज़हीर तो बोले 'रिवायती!'

मैंने कहा कि हज़रते–आरिफ़ को लीजिए
बोले मज़ाक़ छोड़िए जाने भी दीजिए

मैंने कहा मोहम्मद अहमद तो ख़ूब हैं
बोले अजी! उन्हीं में तो सारे उयूब हैं

मैंने कहा तो फिर मिडिल आर्डर पे आइए
बोले कि कोई नाम तो हमको सुझाइए

मैंने कहा कि बद्र के लहजे में फ़न भी है
बोले मगर फ़ुज़ूल कुछ उनका सुख़न भी है

मैंने कहा, हैं जोक्स में अव्वल अबू–क़मर
बोले कि आप हो गये बेशर्म किस क़दर

मैंने कहा ड्रामा तो आसिफ़ का टॉप है
बोले की उनकी शक्ल पे लड़की की छाप है

मैंने कहा कि एक मुनव्वर भी हैं जनाब
बोले कि मेरा ज़ौक़ नहीं इस क़दर ख़राब

मैंने किया जो हुस्न पे याफ़िज़ के तब्सिरा
बोले कि ऐसे हुस्न का क्या फ़ायदा भला

मैंने कहा कि फिर तो नयी नस्ल देखिए
बोले कि कोई नाम तो तजवीज़ कीजिए

मैंने कहा डिबेट में ताहिर की धाक है
बोले हवा बहुत है मगर इल्म ख़ाक है

मैंने कहा कि इश्क़ में नादिर भी कम नहीं
बोले कि वक़्त बीत गया उनमें दम नहीं

मैंने कहा कि अपना ज़फ़र लाजवाब है
बोले दिमाग़ आपका बिल्कुल ख़राब है

मैंने कहा फिर आपके ये जो हिलाल हैं
बोले कि कुछ न पूछिए कितने निढाल हैं

मैंने कहा हुज़ूर तो अब आप ही बचे
थोड़ा सा कसमसाये मगर मुस्कुरा दिये

1983–86 के बीच

साल-ए-नौ की आमद पर...

साल–ए–नौ की आमद पर
ख़ूब जश्न होता है
लोग रक़्स करते हैं
और गीत गाते हैं
रस्म ये पुरानी है
साल–ए–नौ की आमद पर
इक दिया बुझाते हैं
इक दिया जलाते हैं

बात तो हमारी भी
कुछ समझ में आती है
इक दिया बुझा देना
इक दिया जला देना
सिर्फ़ इस्तेआरा है
गुज़रे ग़म भुलाने का
ताज़ादम नयी राहों
पर क़दम बढ़ाने का

क्यों न फिर चलो हम भी
साल–ए–नौ की आमद पर

रस्म को निभा आयें
उस बरस की तल्ख़ी को
ख़ाक में दबा आयें
पिछले सारे ज़ख़्मों का
हर निशाँ मिटा डालें
और अपने सीने को
ताज़ा ताज़ा तीरों के
सामने सजा आयें
'इक दिया बुझा डालें
इक दिया जला आयें'

26 नवम्बर 1986

Birthday Greetings

देख के उसका हुस्ने–ग़ज़ाली
मैंने दिल की बात न टाली
शे'र कहे और नज़्म बना ली
ऐसी कुछ है मेरी ज़ोया

दिन हो या हो रात हिलाल
ख़ुशबू बनकर उसका ख़याल
महके जैसे फूल की डाली
ऐसी कुछ है मेरी ज़ोया

आँख है उसकी चश्मे–ग़ज़ाला
चेहरा जैसे चाँद का हाला
ज़ुल्फें लम्बी भूरी काली
ऐसी कुछ है मेरी ज़ोया

सोच न पाऊँ कुछ भी तुझ बिन
ऐसे गुज़रे तेरा हर दिन
शोख़ हो सुबह और शब मतवाली
पास आ मेरे मेरी ज़ोया

जून 1993

दुआ

दुनिया कब से बूझ रही है क्या है तेरा नाम
मैं इक ज़िद्दी बन्दा तेरा जानूँ इतनी बात
जब भी तुझसे आस लगाई निपटे मेरे काम

इक अनदेखी राह पे मुझको जाना है फिर आज...
रखना मेरी लाज...
...ईश्वर तेरा नाम हो या हो अल्लाह तेरा नाम!

लम्हाए-तख़्लीक़

ये लम्हा फिर से आया है
मैं इसको पहचानता हूँ
ख़ूब ही इसको जानता हूँ
ताबीर से इसका दामन भारी
तासीर से इसकी आँखें रौशन
ये अपनी मुट्ठी खोलेगा
और आँख बचाकर दुनिया की
कुछ सोच में डूबे लफ़्ज़ों का
इक तोहफ़ा मुझको दे देगा
ये लम्हा फिर से आया है
मैं इसको पहचानता हूँ
ख़ूब ही इसको जानता हूँ

14 फ़रवरी 2010

सल्ले-अला

तुम भी यहाँ मैं भी यहीं
ख़ामोश अब बैठें नहीं
मैंने कहा सल्ले–अला
तुम भी कहो सल्ले–अला
सल्ले–अला सल्ले–अला
सल्ले–अला सल्ले–अला

अपनों में हो या अजनबी
बे दीन हो या मज़हबी
औरत कोई या मर्द हो
कैसा भी चाहे फ़र्द हो
उसने करम सब पे किया
सल्ले–अला सल्ले–अला
सल्ले–अला सल्ले–अला

गोरा हो या काला कोई
निर्धन या धन वाला कोई
ये ही सबक़ हमको दिया
कोई नहीं छोटा बड़ा
सल्ले–अला सल्ले–अला
सल्ले–अला सल्ले–अला

आता न कुछ भी रास हो
कौड़ी न इक भी पास हो
फिर भी वो मालामाल है
जिसने ज़ुबाँ से कह दिया
सल्ले–अला सल्ले–अला
सल्ले–अला सल्ले–अला

मैं भी यहाँ, तुम भी यहीं
ख़ामोश अब बैठे नहीं
तुमने कहा सल्ले–अला
मैं हूँ तुम्हारा हमनवा
सल्ले–अला सल्ले–अला
सल्ले–अला सल्ले–अला

2008–2009

याद

न जाने किस दरीचे से
बचपन की
नटखट याद
उतर आयी
और
होंटों को हँसी
दिल को सुकूँ
ज़हन को एहसास फ़तह का
देकर चली गयी!!

14 फ़रवरी 2010

मैं क़ब्र में लेटा लेटा बस देख रहा हूँ खेल

(आलमे–बरज़ख़ की एक मज़ाहिया नज़्म)

सुख थे एक हज़ार
ख़ुशियाँ रेलमपेल
दुनिया क्या थी मेरी यारो
थी फूलों की बेल
मौत ने ऐसा सिगनल खींचा
रुक गयी जीवन रेल
अब क़ब्र में लेटा लेटा बस देख रहा हूँ खेल

एक फ़रिश्ता आया
उसने ये फ़रमाया
'ख़ामोश पड़ा है जितना
तू उतना बड़ा था फ़ितना
तिरे काले सब करतूत
मिरे बाज़ू हैं मज़बूत
ख़त्म जो होगा बरज़ख़
तुझे ले के चलूँगा दोज़ख़!'

...इक और फ़रिश्ता आया
उसने ये फ़रमाया
'तूने ख़ूब किया है कमाल

तेरे आलातर एमाल
है लाज़िम तेरी इज़्ज़त
जैसे ही मिलेगी फ़ुरसत
तुझे ले के चलूँगा जन्नत!'

देकर दो दो व्यूज़
मुझे कितना किया कन्फ़ूज़
अब कोई तो ऐसा आये
जो मुझको ये बतलाये
मैं पास हुआ या फ़ेल?!
बस क़ब्र में लेटा लेटा अब देख रहा हूँ खेल

कुछ भी न लहद ने ढाँका
जब लेके चरस का फाँका
इब्लीस ने अन्दर झाँका
पहले तो घबराया
फिर जब दिल ललचाया
इब्लीस ने ये समझाया
मैं अपना पीऊँगा जाम
मुझे बरज़ख़ से क्या काम
मैं तेरा नहीं हूँ वकील
अभी आयेंगे जिबरील
तू उनकी सोहबत झेल!!
मैं क़ब्र में लेटा लेटा बस देख रहा हूँ खेल

जब होने लगा मैं बोर
और खोला क़ब्र का डोर
वो था कितना हसीन
जो देखा मैंने सीन

मेरी क़ब्र से थोड़ी दूर
लिए डिबिया में सिन्दूर
मुझको रही थी घूर
एक फूल सी नाज़ुक हूर

दिल धड़ धड़ धड़ धड़ धड़का
जब इश्क़ का शोला भड़का
बर्फ़ से थी जो ठण्डी
वो क़ब्र हुई तन्दूर
फिर अल्लाह आया याद
और लब से उठी फ़रियाद
ये फूल सी नाज़ुक हूर
क्यों मुझसे खड़ी है दूर
अब देर न कर माबूद
मेरा इससे कर दे मेल!!
मैं क़ब्र में लेटा लेटा बस देख रहा हूँ खेल

20 मार्च 2013

दिलासा

कभी जो न देखे वो अतवार हैं
ज़माने से बिल्कुल ही बेजार हैं

हुआ क्या है आख़िर जो सोते नहीं
मसाएल तो हल ऐसे होते नहीं

सफ़र पर कमर जब भी कसते थे आप
कोई ख़ौफ़ खाये तो हँसते थे आप

अँधेरों की जानिब न यूँ जाइए
उठाकर नज़र सामने आइए

ज़रा सी मुसीबत और इतने निढाल
अरे छोड़िए भी जनाबे–हिलाल!!

25 जनवरी 2013

किधर गये?

रक़्साँ थे सुब्ह–ओ–शाम जो प्याले किधर गये
कुछ तो हिलाल बोल उजाले किधर गये
बहला रहा है ख़ुद को जो इस आई पैड से
कमबख़्त तेरे चाहने वाले किधर गये?!

14 जून 2012

बेसवा

इक तरफ़
भरा हुआ
इक तरफ़
कसा हुआ
जिस्म बेसवा का था
आग में तपा हुआ

ख़ूब जानती थी वो
आशिक़ों
की हसरतें
और चाहती थी वो
हर क़दम नवाज़िशें

ज़िस्म
हाथ
पे लिए
शहर में वो आ गयी
आँधियाँ उठा गयी
आसमाँ पे छा गयी

9 मई 2013

वो आज भी ज़िन्दा है!

(शह्रयार साहब के लिए)

जब जाम उलट जाते
सब काम निपट जाते
और रात की तूलानी
तल्ख़ी को जगा देती
तन्हाई बढ़ा देती
दो–तीन बजे शब को
वो फ़ोन किया करता
कुछ अपनी सुनाता और
कुछ मेरी सुना करता
मामूल ये तब बदला
उन हाथों की मुट्ठी से
जब रूठ गयी जुम्बिश

× × ×

जब उसकी बहुत दिन तक
कोई न ख़बर आयी
ख़दशात से घबराकर
तब फ़ोन किया मैंने...

आशा के तरन्नुम में
उस शोख़ ग़ज़ल–गो के

अश्आर तो गूँजे पर
मख़सूस से लहजे में
भरपूर मोहब्बत की
झंकार नहीं आयी
जज़्बात की मीठी सी
बौछार नहीं आयी

× × ×

कुछ भी तो सुनाने को
अफ़साना नहीं बाक़ी
अब आँखों की मस्ती का
मस्ताना नहीं बाक़ी
हर शमअ फ़सुरदा है
परवाना नहीं बाक़ी

× × ×

मग़मूम तो मैं भी था
ये बात मगर यारो
फिर याद मुझे आयी...

"फ़नकार तो मरता है
फ़न उसका नहीं मरता"

गर गौंर से सोचो तो
और बात को समझो तो
इस राज़ को जानोगे
"वो अब भी सलामत है
वो आज भी ज़िन्दा है!"

फ़रवरी 2012

चलो हिलाल अब चलो

चलो हिलाल अब चलो
यहाँ से यार अब चलो

दो–एक जाम पी लिए
जिगर के चाक सी लिए
ये ज़िन्दगी तो जी लिए
सफ़र पे अब कमर कसो

चलो हिलाल अब चलो
यहाँ से यार अब चलो

न कुछ ख़लिश न आर थी
बहार ही बहार थी
ये सैर ख़ुशगवार थी
जो हो सके यही कहो

चलो हिलाल अब चलो
यहाँ से यार अब चलो

किसी से तुमने क्या लिया
किसी को तुमने क्या दिया

सुलूक किसने क्या किया
ये अब सवाल मत करो

चलो हिलाल अब चलो
यहाँ से यार अब चलो

जहाँ की बेमिसाल शब
जहाँ की सुबह के और ढब
जहाँ की दिल को है तलब
उसी तरफ़ क़दम धरो

चलो हिलाल अब चलो
यहाँ से यार अब चलो

27 अप्रैल 2014

नज़्म

आज का मंज़र देख के यारो
तुम इतने हैरान न हो
हम पहले भी देख चुके हैं
कुछ गीदड़ जब मिल जायें तो
गन्दा जाल बिछाकर वो
शेर पे घात लगाते हैं

कभी कभी ये होता भी है
शेर को मात हो जाती है
गीदड़ जश्न मनाते हैं
दिन भर शोर मचाते हैं

इनको ये मालूम नहीं
दिन जब थोड़ा ढल जायेगा
शेर पलट कर आयेगा
जश्न धरा रह जायेगा!!

11 अप्रैल 2015

बच्चा

पेड़ पे बैठी चिड़ियों से
अक्सर बातें करता है
दौड़ा दौड़ा आता है
शोख़ महकते फूलों के
झुरमुट में छुप जाता है
रंग बिरंगी लहर उठे तो
हँसता है चिल्लाता है
दिल की मीठी तालों पर
अब भी नग़मे गाता है
अब भी धूम मचाता है

दुनिया ने जो करना चाहा
करने नहीं दिया
मैंने अपने अन्दर के बच्चे को
मरने नहीं दिया!!

8 दिसम्बर 2012

लफ़्ज़-ओ-बयाँ का मक़्सद

सूरज जैसे उजले मआनी
काली रात से काले मआनी
ऊदे मआनी, नीले मआनी
लाल गुलाबी पीले मआनी
पैदा होते रहते हैं
रोज़ ही रंग बिरंगे मआनी

जब बात समझ में आती है
इधर उधर से लफ़्ज़ों के
हीरे मोती लाता हूँ
और जगमग करते पैकर में
अपने मआनी रखकर मैं
दो मिस्रे बुन लेता हूँ

कल मैं ये ही मिस्रे अपने
महफ़िल में जब लाऊँगा
सुनने वाले मेरे लफ़्ज़ों में
अपने अपने मआनी रखकर
मेरे शे'र को तौलेंगे
और शे'र सुनाकर उनको मैं
तंज़ के पत्थर खाऊँगा
या दाद बहुत सी पाऊँगा

दाद मिले या पत्थर मुझको
मेरे इनके मआनी चाहे
एक से हों
या मेल न खायें

काम की बात तो इतनी है
अपने अपने मआनी लेकर
हम जिस सच को
ढूँढ़ रहे हैं

वो ही सच तो
शे'र की आख़री मंज़िल है
लफ़्ज़–ओ–बयाँ का मक़सद है

5 जुलाई 2015

चेहरे

इक चेहरा हँसता रहता था
इक चेहरा रोया करता था
इक चेहरा भोला भाला भी
इक रंजो–अलम का मारा भी
इक कुछ तिशना होटों वाला
इक माथे पर शिकनों वाला
इक चेहरा ख़ौफ़ में लिपटा सा
इक चेहरा आग बगूला सा
इक चेहरा बोझल बोझल कुछ
इक चेहरा कोमल कोमल कुछ
इक बनकर ख़ार खटकता था
इक चेहरा फूल सा लगता था

वो बात मगर है पहले की
अब मेरी दुनिया बदल गयी
कभी मौक़ा हो तो आन मिलो
और बैठ के दिल की बात सुनो
जो राज़ छुपा था जान लिया
मैंने इश्क़ का लोहा मान लिया
मैंने अपने को पहचान लिया
और ओढ़ रखे थे चेहरे जो
वो सारे चेहरे फेंक दिये!!

9 सितम्बर 2013

2016-The Year of Post Truth

(The Oxford dictionary's Word of the Year is 'Post-Truth' an adjective defined as 'relating to or denoting circumstances in which objective facts are less influential in shaping public opinion than appeals of emotion and personal belief'. The term has been used in the past but not with the new implication that the truth itself has become irrelevant)

कहते थे 'ये कलियुग है!'
पर कलियुग में भी
थोड़ा थोड़ा सच तो बोला जाता था
और अब से पहले
इस युग में भी झूठे लोग
शर्मिन्दा होकर
सहमे सहमे फिरते थे
डरते डरते जीते थे

पिछले साल के जाते जाते
दुनिया कितनी बदली लगती है
कहीं पे ब्रेक्ज़िट शोर मचाता है
कहीं पे ट्रंप का सिक्का चलता जाता है
और कहीं पर
झूठ का 'छप्पन इंच का सीना' तनता जाता है
दुनिया नक़ली होती जाती है
कलियुग अस्ली होता जाता है

1 जनवरी 2017

आग रहेगी आग या आग बनेगी फूल?

हर जिस्म के अन्दर लावा पकता रहता है
लावा–दिल की वहशत का
लावा–टूटी हसरत का
लावा–छोटा होने का
लावा–इज़्ज़त खोने का
लावा–हार के आने का
लावा–धोका खाने का
हर जिस्म के अन्दर लावा पकता रहता है

जिस्म के अन्दर का ये लावा
ही तो कहीं पर
दहशतगर्द का बम बनकर फटता है
और कहीं पर
ये ही लावा
शाइर के लफ़्ज़ों में सजता है
मौसीक़ी के सुर में ढलता है
हर जिस्म के अन्दर लावा पकता रहता है!

2 जनवरी 2016

मासूम तक़ाज़ा

बरसों पहले
गहरी चोट खा गयी थी
चलते चलते
भारी भरकम ट्रक के नीचे आ गयी थी
कुछ देर के लिए
रूह जिस्म से दूर हो गयी थी
मेरी हड्डी पसली चकनाचूर हो गयी थी!!

वो दिन है और आज का दिन
उसकी आवाज़ सुनायी दे जाये
या कोई ट्रक दिखाई दे जाये
तो मेरी सिट्टीपिट्टी गुम हो जाती है
और हवास बाख़्ता मैं
कमरे में घुसकर लिहाफ़ के अन्दर
छुप जाती हूँ!!

इल्तिजा है कि...
जो चिंघाड़ते दहाड़ते
सड़कों पर घूम रहे हैं
उनका चलना रुकवा दीजिए
और ट्रकों की सब फ़ैक्ट्रियों पर

ताले डलवा दीजिए
बड़ी उम्मीद लेकर आयी हो
क्या मेरे लिए आप
इतना भी आज नहीं कर सकते
कैसे डाक्टर हैं
मेरा इलाज नहीं कर सकते?!

10 जनवरी 2017

इस्लामिक किडनी

(मुख़ालिफ़ सोच रखनेवाली एक सीनियर ख़ातून सरबराह के किडनी ट्रांसप्लांट को लेकर उनकी ही जमात की तरफ़ से की गयी मलामतों से हैरान होकर लिखी गयी एक नज़्म)

सिर्फ़ इस्तआरा है
या सचमुच पत्थर मारा है?

× × ×

साइंस ने तरक़्क़ी तो की है
क्या घुटना, क्या कूल्हा
क्या दिल, क्या गुर्दा
हर शै बदली जा सकती है
लेकिन मुश्किल ये है
जिस्मों के रेशे रेशे में
नफ़रत घुस आयी है
और
जिगर, फेफड़े
घुटने, कूल्हे
दिल, गुर्दे सब
धीरे धीरे
हिन्दू मुसलमान
होते जा रहे हैं

× × ×

ताने, तिशने और,
'घर वापसी'
के नारों वाला
मंज़र देखा तो...
...इस्लामिक किडनी
हिन्दू लिवर की बाँहों में
सिमट कर बोली...
"मन तू शुदम तू मन शुदी
मन तन शुदम तू जाँ शुदी
ता कस न गोयद बाद अज़ीं
मन दीगरम तू दीगरी!"*

(* अमीर ख़ुसरो के फ़ारसी मिसरे!)

2018

थप्पड़ की आवाज़

(एक आज़ाद नज़्म)

आली हज़रत का, मुन्सिफ़–ए–आला का
पैग़ाम आया था
कानों से बच के
नज़रों से छुप के
धीमे–धीमे
चुपके–चुपके
पैग़ाम आया था :
''क्यों दुःख झेलो
क्यों बेड़ी पहनो
तुम माँगो तो माफ़ी, हम कर देंगे माफ़!
ऐसी क्या है बात?!
समझौता कर लो, दिल हो जायें साफ़!!''

क़ैदी था दीवाना, बिल्कुल दीवाना था वो
जब उसने सुना पैग़ाम
सर को उठाया, आँख मिलायी और कहा :
''दुःख झेलूँगा, बेड़ी पहनूँगा
सच कहने पर तुम झूठों से
रहम की कोई भीख नहीं माँगूँगा मैं!!''
जैसे बात न हो दीवाने की

एक थप्पड़ हो...
मुन्सिफ़–ए–आला,
किराये का टट्टू साला
हक्का–बक्का, भौचक्का
अपने गाल को थामे बैठा है!

मुन्सिफ़–ए–आला, किराये का टट्टू साला
अपनी हतक को शायद भूल भी जाये
लेकिन
इस थप्पड़ की आवाज़
क़ानून के सफ़हों में
तारीख़ के पन्नों में
सदियों सदियों
गूँजने वाली है!!

नया साल मुबारक हो!

अगर हमसे कोई पूछे कि ये कैसा बरस गुज़रा?
न हम 'बरकत' कहें इसको, न हम 'शामत' कहें इसको
बुरा गुज़रा भला गुज़रा, चलो रुख़सत कहें इसको!

नया साल अब जो आयेगा, नयी राहें दिखायेगा
नये जज़्बे जगायेगा, नयी धूमें मचायेगा!

ख़ुदा से बस दुआ ये है, कि जो गुज़री पुरानी हो
हमारी ज़िन्दगानी की अब इक ताज़ा कहानी हो
ख़यालों में रवानी हो, इरादों में जवानी हो
मुकम्मल शादमानी हो!

रहे बाक़ी न कुछ फ़रयाद, ग़मों से हम रहें आज़ाद
ख़ुशी दिल को करे आबाद
मुबारकबाद!
मुबारकबाद!
मुबारकबाद!
मुबारकबाद!

31 दिसम्बर 2020

ला तक़नतू

(नाउम्मीद मत हो!)

('Laa Taqnatoo' is an Arabic/Quranic term which means 'Do Not Lose Hope!')

ला तक़नतू ला तक़नतू ला तक़नतू ला तक़नतू
कैसा समां ये आ गया
हर सू धुआँ सा छा गया
ज़ाहिद को रास आता नहीं
रिन्दों को भी भाता नहीं
कोई समझ पाता नहीं
मस्जिद में कब होगा वज़ू
छलकेंगे कब जाम–ओ–सुबू
ला तक़नतू ला तक़नतू ला तक़नतू ला तक़नतू

दिल में लिए बैठे हैं डर
नादान हैं हम किस क़दर
पीछे पलट कर देख लो
सफ़हे उलट कर देख लो
जिस पर पड़ी हों मुश्किलें
टूटीं हों जिस पर आफ़तें
होता वही है सुर्ख़रू
ला तक़नतू ला तक़नतू ला तक़नतू ला तक़नतू

जब भी सितम ढाये फ़लक
फैला हो सहरा दूर तक
आती न हो कोई कमक
हर वक़्त जब होता हो शक
लाज़िम है तब ज़िन्दा रहे
पाइंदा ताबिन्दा रहे
दिल की है जो भी आरज़ू
ला तक़नतू ला तक़नतू ला तक़नतू ला तक़नतू

कहते हो क़िस्मत सो गयी
कुछ बात ऐसी हो गयी
लगता है मंज़िल खो गयी
लेकिन ख़ुदा के वास्ते
भूलो न अपने रास्ते
छोड़ो न अपनी ज़ुस्तजू
ला तक़नतू ला तक़नतू ला तक़नतू ला तक़नतू

क्या हिज्र है क्या है विसाल
इतना भी क्या होना निढाल
आँखें ज़रा खोलो हिलाल
कुदरत का भी देखो कमाल
फैली हो चाहे रौशनी
या हर तरफ़ हो तीरगी
बहती रहेगी आब जू
गाते रहेंगे ख़ुश–गुलू
लड़ते रहेंगे जंग जू
ला तक़नतू ला तक़नतू ला तक़नतू ला तक़नतू

लिक्खा हुआ पहचान लो
है बात सच तो मान लो
जो होना है वो जान लो
हर इक क़दम मजबूरियाँ
ये फ़ासले ये दूरियाँ
सब ज़हमतें मिट जायेंगी
ताज़ा हवाएँ आयेंगी
आँखों से करने गुफ़्तगू
बैठेंगे हम जो रू–ब–रू
फैलेगी ख़ुशबू चार सू
धूमें मचेंगी कू–ब–कू
लौटेगा फिर से रंग–ओ–बू
ला तक़नतू ला तक़नतू ला तक़नतू ला तक़नतू
ला तक़नतू ला तक़नतू ला तक़नतू ला तक़नतू

01 फ़रवरी 2021

जनाब ये किसान हैं!

न तोहमतें लगाइये
न इन पे ज़ल्म ढाइये
यहाँ जो गुल्सितान हैं
ये उनके बाग़बान हैं
जनाब ये किसान हैं!

ये आपको हुआ है क्या
ये आपने किया है क्या
ज़रा तो गौर कीजिये
क़दम को थाम लीजिये
जो आज बदगुमान हैं
जनाब ये किसान हैं!

न जाल ही बिछाइये
न रंजिशें बढ़ाइये
जो हो भी आपकी तलब
न बट सकेंगे लोग अब
न जाट ना पठान हैं
जनाब ये किसान हैं!

बढे जो ग़म – तो क़ौम चुप!
हुआ सितम – तो क़ौम चुप!
जो दिल में था दबा हुआ
इन्होंने दर्द कह दिया
ये क़ौम की ज़बान हैं
जनाब ये किसान हैं!

ये शाह के ज़वाल का
है वक़्त कुछ कमाल का
तो अब ये काम कीजिये
इन्हें सलाम कीजिये
कि ये वतन की शान हैं
जनाब ये किसान हैं!

07 फरवरी 2021

कोविड शाइरी

जब ये किताब प्रेस में थी तब ही कोरोना की वबा फैली और लॉकडाउन नाफ़िज़ हो गया। ये कैसे मुमकिन था कि इसका असर शाइरी पर न पड़े—कुछ संजीदा कुछ तन्ज़िया चीज़ें, जो इस दौर में कही हैं, शामिल कर रहा हूँ।

लॉकडाउन में ग़ज़ल

मस्जिद भी हुई बन्द और मैख़ाने भी हुए बन्द
हैं बन्द ख़िरद वाले दीवाने भी हुए बन्द

जिनको थी मोहब्बत वो परवाने भी हुए बन्द
वो इश्क़ के क़िस्से वो अफ़साने भी हुए बन्द

दानिस्ता हुए और कुछ अनजाने भी हुए बन्द
जब प्यास लगी तब ही पैमाने भी हुए बन्द

रौनक़ थी यहाँ हर दम जिन मस्त मलंगों से
घर के ही क़िफ़स में वो मस्ताने भी हुए बन्द

इनको भी ख़ुदा रक्खे, उनको भी ख़ुदा रक्खे
था जिनको जुनूँ वो भी, फ़रज़ाने भी हुए बन्द

मिलता ही नहीं कोई, दिखता ही नहीं कोई
अपने भी हुए बन्द और बेगाने भी हुए बन्द

तुमने भी नज़र फेरी, हमने भी नज़र फेरी
है बन्द इनायत तो नज़राने भी हुए बन्द

जायें तो कहाँ जायें, भटकें तो कहाँ भटकें
बस्ती भी हुई बन्द और वीराने भी हुए बन्द

पूछो तो ग़ज़ल कैसे लिक्खोगे 'हिलाल' अब तुम
वो लोग जो आते थे अब आने भी हुए बन्द

30 मार्च 2020

कोविड क़िता

न जाने क्या वो लाये हैं भरा हुआ flask है
समझना उनके खेल का बहोत ही सख़्त task है
हिलाल हम से आज यूँ गले मिले हैं वो
हिजाब है, नक़ाब है, न मुँह पे उनके mask है

कोविड क़िता

जहाँ सॉलिड खिलाना हो वहाँ लिक्विड न दे देना
जहाँ लिक्विड पिलाना हो वहाँ सॉलिड न दे देना
ये माना तुम भी तनहा हो परेशाँ हो मगर हमदम
अगर वक़्ते विसाल आए मुझे कोविड न दे देना

कोरोना के दौर में ईद

न दीद है ना ही गुफ़्तो शनीद है
गले मिलें ये भी ख़्वाहिश शदीद है
हिलाल कुछ तो बताओ कि क्या करें
अजीब ईद कोरोना की ईद है

कोरोना के दौर में दिवाली

अबके जो हम से दूर दिवाली मनाओगे
आयेंगे तुम को याद दिये जब जलाओगे

14 नवम्बर 2020

मीठी कड़वी रुबाइयाँ

रुबाई क्या है

अरबी ज़बान में अरबा के माने 'चार' के हैं। इसी लफ़्ज़ से रुबाई बना है। हालाँकि लफ़्ज़ अरबी है लेकिन रुबाई सबसे पहले लिखी ईरानी शाइरों ने फ़ारसी में। उमर ख़य्याम की रुबाइयात की शोहरत से तो आप वाक़िफ़ ही होंगे। फ़ारसी से रुबाई उर्दू में आयी और ख़ूब मक़बूल हुई। ग़ज़ल के अश्आर में जिस तरह अमूमन दो मिस्रों के ज़रिये किसी ख़याल का इज़हार किया जाता है उसी तरह रुबाई में, जैसे कि नाम से ज़ाहिर है, चार मिस्रों की मदद से ख़याल का इज़हार किया जाता है। लेकिन यह वाज़ेह (clear) रहे कि हर वो शे'री तख़लीक़ जिसमें चार मिस्रे हों रुबाई नहीं होती। रुबाई कहलाने के लिए मिस्रों का चंद मख़सूस औजान (specific meters) में होना और मिस्रों की एक मख़सूस तरतीब होना भी ज़रूरी है। रुबाई कहने वाले बहुत से शोअरा जो उरूज़ (Prosody) की पेचीदगियों में नहीं जाना चाहते 'लाहौल विला कूव्वत इल्ला बिल्लाह' के वज़्न को ही रुबाई का वज़्न समझते हैं लेकिन दरअसल रुबाई के तेईस औज़ान और भी हैं यानी कुल मिला के चौबीस औज़ान हैं और ये ज़रूरी है कि चारों मिस्रे उन चौबीस में से किसी–न–किसी एक वज़्न पर पूरे उतरते हों। इस मुख़्तसर इंट्रोडक्टरी मज़मून में रुबाई के तमाम औज़ान पर बहस की गुंजाइश तो नहीं लेकिन ये बताना ज़रूरी समझता हूँ कि रुबाई के पहले, दूसरे और चौथे मिस्रे को हम क़ाफ़िया और हम रदीफ़ (अगर रदीफ़ है) होना चाहिए। रुबाई का आख़री मिस्रा बहुत अहम होता है। पहले तीन मिस्रों में एक सस्पेंस सा Create किया जाता है जो आख़री मिस्रे पर टूटता है। मसलन :

दोज़ख़ से बचाएँगी नमाज़ें तेरी
जन्नत भी दिलाएँगी नमाज़ें तेरी
लोगों के मगर दिल जो दुखाये होंगे
कुछ काम न आयेंगी नमाज़ें तेरी

रुबाई को दो–बीती और तराना भी कहते हैं। आनेवाले सफ़हों में कुछ रुबाइयात हाज़िर हैं।

रुबाइयाँ

दोजख़ से बचाएँगी नमाज़ें तेरी
जन्नत भी दिलाएँगी नमाज़ें तेरी
लोगों के मगर दिल जो दुखाये होंगे
कुछ काम न आयेंगी नमाज़ें तेरी

मई 2007

सीरत के जल्सों में जाता हूँ कम
जाता हूँ तो मुझको यही होता है ग़म
कुछ और बताते हैं बताने वाले
कुछ और था पैग़ामे–रसूले–अकरम

मई 2007

नदामत

नज़रें भी तो उठती न थीं लब चुप थे
तुम भी थे वहाँ चुप कि जहाँ सब चुप थे
अब जो बोले तो ख़ाक बोले हो हिलाल
जब बोलना चाहिए था तुम तब चुप थे

मई 2007

जार्ज बुश की फॉरेन पॉलिसी

तारीख़ का हर सफ़हा मिटाना होगा
तहज़ीब को मिट्टी में मिलाना होगा
क़ाबू में अभी तक नहीं आया बग़दाद
सुन्नी को शियाओं से लड़ाना होगा

मई 2007

मारूफ़ गुलूकार मेंहदी हसन की याद में सजाई गयी एक महफिल के लिए कही गयी रुबाई

रंगीनिए—महफ़िल को निखरता देखो
ख़ाली हो अगर जाम तो भरता देखो
आवाज़ की लहरों पे जो नज़रें डालो
आवाज़ को सीने में उतरता देखो

14 दिसम्बर 2015

मयख़ार का मयख़ाना सजा देता है
मुल्ला को नमाज़ों में लगा देता है
अपना जो यक़ीं है वो यही है कि हिलाल
जो कुछ जिसे देता है ख़ुदा देता है

29 मई 2011

हश्र के मैदान का एक मंज़र

बनता था बड़ा दीन का पक्का मुल्ला
है आज बहुत ही हक्का बक्का मुल्ला
जन्नत की हवस और थी हूरों पे निगाह
दोज़ख़ में गिरा खाते ही धक्का मुल्ला

30 मई 2011

साधु हिलाल के दोहे

दोहा क्या है

ऐसा मालूम होता है कि दूसरी कई असनाफ़ (poetic forms) की तरह हमारी ज़बान में दोहे की इब्तिदा भी अमीर ख़ुसरो ही ने की होगी। कबीर, रहीम और तुलसीदास के दोहों से हम सभी वाक़िफ़ हैं। शुरू से ही दोहा हमारी शाइरी की एक मक़बूल सिन्फ़ रही है और आज भी दोहे पसन्द किये जाते हैं।

दोहा दो मिस्रों का ऐसा शे'र होता है जिसका एक मख़सूस वज़्न और एक मख़सूस बह्र होती है। हालाँकि इसका कोई तआल्लुक़ ग़ज़ल से नहीं है फिर भी एक ऐतबार से इसकी शक्ल कुछ–कुछ ग़ज़ल के मत्ले से मिलती–जुलती है क्योंकि इसके दोनों मिस्रे हम–वज़्न और हम–क़ाफ़िया होते हैं और मा'नवी ऐतबार से भी ये ग़ज़ल के शे'र की तरह अपने आप में मुकम्मल होता है। लेकिन बात यहीं ख़त्म नहीं हो जाती कुछ और शर्तें भी हैं और उन शर्तों को समझने के लिए ये जानना ज़रूरी है कि दोहा हमारी शाइरी में संस्कृत से आया है। संस्कृत शाइरी की बुनियाद मात्राओं पे होती है। मात्राओं के इल्तेज़ाम यानी गठजोड़ से बह्रें बनती हैं। बह्र को संस्कृत में छन्द कहते हैं। दोहा संस्कृत का एक छन्द है। उर्दू की तरह ही संस्कृत में भी आवाज़ों को छोटी और बड़ी आवाज़ों में तक़सीम किया जाता है। छोटी आवाज़ का वज़्न एक मात्रा के बराबर होता है, उसे 'लघु' कहते हैं और इसके इज़्हार के लिए (1) का सिम्बल इस्तेमाल किया जाता है। बड़ी आवाज़ का वज़्न दो मात्राओं के बराबर होता है उसे 'गुरु' कहते हैं और उसके लिए (2) सिम्बल का इस्तेमाल किया जाता है। मिसाल के तौर पर लफ़्ज़ 'काम' में एक बड़ी और एक छोटी

आवाज़ है जिसमें 'का' बड़ी आवाज़ यानी 'गुरु' है और उसका वज़्न दो मात्राओं के बराबर है और 'म' छोटी आवाज़ यानी 'लघु' है और उसका वज़्न एक मात्रा के बराबर है। इसी तरह लफ़्ज़ 'दोहे' में दो बड़ी आवाज़ें 'दो' और 'हे' यानी दोनों 'गुरु' मात्राएँ हैं और उनका कुल वज़्न चार मात्राओं के बराबर है।

दोहा वह छन्द है जिसके हर मिस्रे का वज़्न 24 मात्राओं के बराबर होना लाज़मी है। सिर्फ़ यही नहीं ये भी ज़रूरी है कि हर मिस्रे के भी दो हिस्से हों। पहला हिस्सा 13 मात्राओं का हो और दूसरा हिस्सा 11 मात्राओं का। दोनों हिस्सों के दरम्यान के वक़्फ़े को 'यति' या 'विश्राम' कहते हैं और उसका होना भी शर्त है। ये भी ज़रूरी है कि दोनों मिस्रों की आख़री मात्रा 'लघु' हो। अब मेरा ये दोहा देखें:

ढोवे दुख की टोकरी, दे ख़ुशियों का दान
बोलो कोई है यहाँ इतना बड़ा धनवान

ढोवे दुख की टोकरी	दे ख़ुशियों का दान
2+2+1+1+2+2+1+2 = 13	2+2+2+2+2+1 = 11
बोलो कोई है यहाँ	इतना बड़ा धनवान
2+2+2+2+2+1+2 = 13	2+1+1+2+2+2+1 = 11

दोहा छन्द की तरजुमानी फ़ारसी उरूज में इस वज़्न से की जा सकती है: फ़ेलुन फ़ेलुन फ़ाइलुन, फ़ेलुन फ़ेलुन फ़ाअ। संस्कृत में 24 मात्राओं वाले दूसरे छन्द भी हैं लेकिन 'दोहा छन्द' के लिए ऊपर दी गयी तरतीब और शर्तें ज़रूरी हैं। मात्राओं की यही तरतीब और पाबन्दियाँ दोहे को ख़ूबसूरत बनाती हैं और उसकी मिठास में इज़ाफ़ा करती हैं। दोहे की ज़बान सीधी और सरल होना चाहिए। दोहे में मौज़ूआत की पाबन्दी नहीं लेकिन हमारे शाइरों ने इस सिन्फ़ का इज़हार सबसे ज़्यादा फ़लसफ़ियाना और रूमानी मौज़ूआत के इज़हार के लिए किया है।

उम्मीद है अब आप दोहे के मसाएल समझ गये होंगे यानी आप के हुज़ूर में अपने दोहे पेश करने का वक़्त आ गया!

दोहे

आयी जाने की घड़ी, तब ये हुआ एहसास
पास हमारे कुछ नहीं, तुम जो नहीं हो पास

उर्दू बोले ही नहीं, इंगलिश बोले तेज़
भूली रंगत खाल की, लेकिन है अंग्रेज़

नर बैठे शीशा धरे, मारे क्या क्या पोज़
नारी अब कसरत करे, जिम में जा के रोज़

मुल्ला के मकतब गया, इक बच्चा नादान
मुल्ला ज़िन्दा है अभी, उसने खो दी जान

सुन्दरता मत पूछना, मत पूछो स्वभाव
फूल के जैसा रूप और, अग्नि जैसा ताव

ख़ुद से झगड़ा मत करो, मानो दिल की बात
अबके जब तुम आओ तो, ठहरो सारी रात

ढोवे दुख की टोकरी, दे ख़ुशियों का दान
बोलो कोई है यहाँ, इतना बड़ा धनवान

15 जून 2012

झूठा किसका प्रेम है, सच्ची किसकी प्रीत
जो समझे इस भेद को, दुनिया ले वे जीत

कैसा ये अन्धेर है, कोई न इसका मेल
जाहिल झाड़े अफ़सरी, आलिम बेचे तेल

बकबक करने की मिली जब मुल्ला को छूट
दो ही दिन में पड़ गयी इन्सानों में फूट

ऐसी करनी कर गये बहू से उसके जेठ
पानी पानी हो गये शरम से धन्ना सेठ

रब की मर्ज़ी हो अगर, उतरे दरिया पार
जिस माँझी के हाथ से, छूट गिरे पतवार

नफ़रत दिल में जब बसे, पत्थर कर दे सोच
साधू वो ही आदमी, जिसके मन में लोच

संगत में उस्ताद की, रटो न फ़ेलुन फ़ेल
ख़ुद खेलोगे खेल जब, तब सीखोगे खेल

कैसी पूजा साधना, कैसा मन का चैन
जाये पिया जब छोड़कर, झर झर बरसें नैन

जुलाई 2012

समझोगे इस राज़ को पढ़कर मेरा शे'र
मुल्ला जी की सोच है बस कूड़े का ढेर

सच्चा है गर प्रेम तो आना है वो मोड़
तुम प्रीतम के प्रीत में सब कुछ दोगे छोड़

मुल्ला जी का बन्द हो बकना ऊल जलूल
अल्लाह मेरी ये दुआ कर दे आज क़ुबूल

सितम्बर 2012

मिलकर हम करते रहे उल्टे सीधे काम
साथ हिलाल फ़रीद के अच्छी गुज़री शाम

अकड़ा अकड़ा जो फिरे टेढ़ी गरदन तान
दौलत उसकी ख़ाक है, कूड़ा उसका ज्ञान

इक आलिम ने दे दिया, ये फ़त्वा अनमोल
सारे फ़त्वे भूल जा प्यार की बोली बोल

देसी शब्दों में गुँधे परदेसी अल्फ़ाज़
बोली उर्दू या सजन छेड़ दिया है साज़

कड़वी इनकी बात और टेढ़ी इनकी चाल
जिन सीनों में दिल नहीं उनपर ख़ाक ही डाल

इस दुनिया में आजकल यूँ नपता है ज्ञान
चर ले बुद्धी घास तो बन जाये विद्वान

मिल जुलकर सब लूट लें, कर लें सारे पाप
फिर काबे को मैं चलूँ, काशी जावें आप

धूम धड़क्का छोड़ कर तकते हो पंडाल
किन सपनों में खो गये बोलो यार हिलाल

11 मार्च 2013

रंग बिरंगे फूल खिले, बीज ही ऐसे बोए
यूँ लिक्खूँ या यूँ लिखू, लिखने से क्या होए

शाइर लिक्खे शे'र और, रागी छेड़े राग
दिल के अन्दर इश्क़ की लग जाये जब आग

मीठा मीठा चाँद है महकी महकी रात
साजन बैठें पास तो बन जायेगी बात

10 मार्च 2014

❑❑